최신개정

신공략 중국어 3

다락원

최신개정 **신공략 중국어** 시리즈 이렇게 바뀌었어요!

구판	 新신공략 중국어 기초편 1~10과	 新신공략 중국어 기초편 11~15과 + 초급편 1~5과	 新신공략 중국어 초급편 6~15과	 新신공략 중국어 실력향상편 上	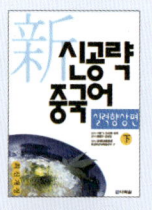 新신공략 중국어 실력향상편 下	 新신공략 중국어 프리토킹편	 新신공략 중국어 고급편
최신개정판	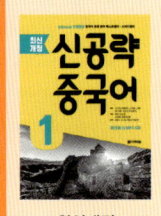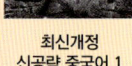 최신개정 신공략 중국어 1 《汉语口语速成》 入门篇·上册 (第三版)	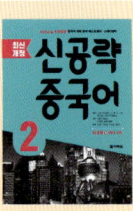 최신개정 신공략 중국어 2 《汉语口语速成》 入门篇·上/下册 (第三版)	 최신개정 신공략 중국어 3 《汉语口语速成》 入门篇·下册 (第三版)	 최신개정 신공략 중국어 4 《汉语口语速成》 基础篇·上册 (第三版)	 최신개정 신공략 중국어 5 《汉语口语速成》 基础篇·下册 (第三版)	 최신개정 신공략 중국어 6 《汉语口语速成》 提高篇 (第三版)	 최신개정 신공략 중국어 7 《汉语口语速成》 中级篇 (第三版)

최신개정 신공략 중국어

원제 《汉语口语速成》_入门篇·下册
(第三版) 베이징대학출판사 편
편저 马箭飞·苏英霞·翟艳
편역 변형우·주성일·여승환·배은한

다락원

들어가는 말

『최신개정 신공략 중국어』 시리즈 소개

『최신개정 신공략 중국어』는 《汉语口语速成》이라는 제목으로 중국에서 발간된 중국어 회화 교재의 한국어판이다. 외국인에 대한 중국어 교수법을 다년간 연구해 온 베이징어언대학 교수진에 의해 공동 기획 및 집필된 이 시리즈는 중국에서 입문편 상·하(入门篇·上册/下册), 기초편 상·하(基础篇·上册/下册), 제고편(提高篇), 중급편(中级篇), 고급편(高级篇), 총 7단계의 시리즈로 발간되었다.

《汉语口语速成》은 1999년 제1판, 2005년 제2판이 베이징어언대학에서 출간되었고, 2015년 제3판이 새롭게 베이징대학에서 출간되며, 주요 국가 언어로 번역되어 중국어를 배우는 전 세계 학생들과 함께하고 있다. '중국어 교재의 바이블'이라는 수식어답게, 오랜 시간 대외한어 교재를 대표하는 최고의 책으로 평가받고 있다.

이 시리즈는 중국어를 처음 접하는 학생들이 최단 기간 효율적으로 중국어 의사소통 능력을 향상시킬 수 있도록 돕기 위해 개발되었다. 학생들이 매 수업시간 학습 효과를 스스로 느낄 수 있도록 실용성과 실효성에 많은 비중을 두고 집필되어 실제 학습자와 교수자의 만족도가 매우 크다.

원서가 가진 특장점은 살리면서, 한국인의 언어 학습 환경에 적합하도록 국내 교수진과 다락원이 오랜 시간 기획하고 재구성하여 출간한 『최신개정 신공략 중국어』가 학습자들에게 참된 길잡이가 되길 기대한다.

다락원 중국어출판부

『최신개정 신공략 중국어 3』 소개

『최신개정 신공략 중국어 3』은 본문 10과, 복습 2과로 구성되어 있다. 원서《汉语口语速成》_入门篇·上册/下册 각 15과 구성(총 30과 구성)을 한국 내 대학 수업 시수에 알맞게 10과씩 세 권으로 나누고, 복습과를 추가하여 『최신개정 신공략 중국어 1, 2, 3』으로 재편하였다. 이 점이 구판인 『新신공략 중국어』 시리즈와 크게 달라진 점이다.

원서에는 없는 워크북을 추가 구성해, 교체 연습, 확인 테스트, 간체자 쓰기 연습에 활용할 수 있도록 하였다. 또한 모든 문제에 모범답안을 제시해 학습 효율을 최대한 높이고자 하였고, 음원 트랙 또한 세분화하여 학습자의 편의를 최우선으로 하였다.

이번 최신개정판에서는 시류에 따라 변화한 몇몇 부분을 수정·보완하고, 학습자와 교수자의 요구를 최대한 반영하였다. 한국 교수 현장에서 빛을 발할 수 있도록 오랜 시간 기획하고 준비한 만큼, 이 교재를 사용하는 교수자와 학습자 모두에게 더욱 환영받는 교재가 되길 바란다.

지난 십 수년간 국내 수많은 대학과 학원에서 교재로 활용되면서 그 우수성과 학업 성취도가 이미 입증된 『신공략 중국어』 시리즈이기에, 이번 최신개정판 역시 그 명성에 부합할 것임을 확신하며, 이 교재를 자신 있게 추천한다.

역자 **변형우, 주성일, 여승환, 배은한**

이 책의 순서

들어가는 말   4
이 책의 순서   6
이 책의 구성 및 활용   8
이 책의 표기 규칙   11

01 你去过香山吗? 샹산에 가 본 적 있어요?   12
동태조사 过 | 是……的 | 동량보어 | 除了……以外

02 门开着。 문이 열려 있어요.   28
동작의 지속 | 구조조사 地 | 형용사 중첩

03 你打错了。 전화 잘못 거셨어요.   42
결과보어 | 결과보어 到 | 一……就…… | 결과보어 住

04 她出去了。 그녀는 외출했어요.   60
방향보어 | 겸어문 | 要是……就……

05 他恐怕去不了了。 그는 아마 갈 수 없을 거예요.   76
가능보어 | 가능보어 了(liǎo) | 怎么(能)……呢

● **복습1**   01~05   90

06 西安比北京还热。 시안은 베이징보다 더 더워요.　　　100
比를 사용한 비교문 | 수량보어 | 跟……一样 형식의 비교문 |
有 나 没有를 사용한 비교문

07 你把自行车放在哪儿了? 자전거를 어디에다 두었어요?　118
把자문(1) | 不是……吗

08 快把空调关上。 어서 에어컨을 꺼요.　　　134
把자문(2)

09 钱包被小偷偷走了。 소매치기에게 지갑을 도둑맞았어요.　146
피동문 | 连……也(都)……

10 祝你一路平安。 가시는 길이 평안하길 빕니다.　158
의미상의 피동문

• **복습 2**　06~10　　168

부록
본문 해석　　180
모범답안 & 녹음대본　　185

이 책의 구성 및 활용

『최신개정 신공략 중국어 3』은 본서, 부록, 워크북 세 부분으로 나뉩니다. 이 중 본서는 본문 총 10과, 복습 2과로 구성되어 있습니다. 제5과와 제10과의 뒤에는 각각 복습1, 복습2를 배치해, 앞에서 학습한 주요 내용을 반복 점검할 수 있도록 하였습니다.

본서

단어 익히기

'회화 배우기', '어법 다지기'에 나오는 단어입니다. 먼저 '회화 단어'를 학습하고, 그 다음 '어법 단어'를 학습해 보세요. 반복적으로 듣고, 읽고, 쓰는 것이 중요합니다.

회화 배우기

각 과의 주제에 따라 3~4개의 회화 또는 단문이 제시됩니다. 의미를 파악하고, 녹음과 함께 여러 번 듣고 따라 말하며 입에 붙을 때까지 반복 학습해 보세요.

어법 다지기

본문의 핵심 표현과 어법 구조를 학습합니다. 중국어의 문장 형식을 이해하고, 예문을 통해 다양한 활용법을 익혀 보세요.

문제로 확인

어법 이론을 학습한 후, 관련 문제를 풀어 보며 정확히 이해 했는지 확인해 보세요.

내공 쌓기

유형별 문제를 풀며 배운 내용을 정리하고, 각 과의 학습 성과를 점검해 봅니다. 정해진 답이 없는 서술형 문제는 자유롭게 자신의 생각을 이야기해 보세요.

제1과에서 제10과는 '단어 익히기—회화 배우기—어법 다지기—내공 쌓기'로 구성되어 있으며, '어법 다지기' 부분에서는 각 어법 설명마다 어법을 회화에 적용해 보는 '문제로 확인' 코너가 주어집니다.

부록

본문 해석, 모범답안 & 녹음대본

'회화 배우기'의 해석과 '문제로 확인', '내공 쌓기'의 모범답안 및 녹음대본을 정리했습니다. 자신만의 답안을 먼저 만들어 본 후, 모범답안과 비교하며 공부해 보세요.

워크북

핵심표현&교체연습

각 과의 핵심표현을 다시 확인하고, 교체연습을 통해 다양한 활용법을 익혀 보세요.

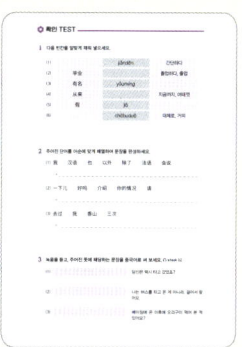

확인 TEST

문제를 풀며 각 과에서 배운 내용을 되짚어 보고, 학습 성과를 점검해 보세요.

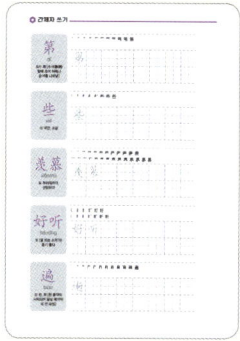

간체자 쓰기

각 과의 주요 단어를 직접 써 보며, 쓰기 훈련을 해 봅니다. 정확한 필순에 따라 연습해 보세요.

이 책의 구성 및 활용

MP3 음원

교재 페이지마다 해당 MP3 음원의 번호가 기재되어 있습니다. 원어민의 음성 녹음을 반복해서 들으며 공부해 보세요.

MP3 다운로드

- MP3 음원은 '다락원 홈페이지(www.darakwon.co.kr)'를 통해서 무료로 다운로드 하실 수 있습니다.
- 스마트폰으로 QR 코드를 스캔하면 MP3 다운로드 및 실시간 재생 가능한 페이지로 바로 연결됩니다.

이 책의 표기 규칙

01 중국의 지명이나 건물, 관광명소의 명칭 등은 중국어 발음을 한국어로 표기하는 것을 원칙으로 했습니다. 단, 우리에게 이미 잘 알려진 장소에 한해서 익숙한 발음으로 표기했습니다.

예) 北京 베이징   长城 만리장성

02 인명은 각 나라에서 실제 사용하는 발음으로 표기했습니다.

예) 小明 샤오밍   英男 영남   保罗 폴

03 중국어의 품사는 다음과 같이 약어로 표기했습니다.

명사	명	조사	조	접속사	접
동사	동	개사	개	조동사	조동
형용사	형	부사	부	감탄사	감
대사	대	수사	수	고유명사	고유
양사	양	수량사	수량	성어	성

04 『현대한어사전(现代汉语词典_第7版)』에 기준하여 '学生'의 성조를 'xuéshēng'으로, '聪明'의 성조를 'cōngmíng'으로 표기했습니다.

05 이합동사의 한어병음은 붙여서 표기했습니다.

예) 上课 shàngkè   睡觉 shuìjiào

샹산에 가 본 적 있어요?

你去过香山吗?
Nǐ qùguo Xiāngshān ma?

01

- **학습 목표**
  동태조사 过의 용법을 익혀 활용할 수 있다.

- **어법 포인트**
  동태조사 过 | 是……的 | 동량보어 | 除了……以外

단어 익히기

🎧 01-01

🔊 회화 단어

过 guo 조 [동사 뒤에 쓰여 어떤 행위나 변화가 발생된 적이 있음을 나타냄]

自己 zìjǐ 대 자기, 자신

真 zhēn 부 정말(로), 참으로

行 xíng 형 뛰어나다, 훌륭하다, 대단하다

烤鸭 kǎoyā 명 오리구이

次 cì 양 번, 횟수

第 dì 접두 제 [수사(數詞) 앞에 쓰여 차례나 순서를 나타냄]

除了……以外 chúle……yǐwài ~을 제외하고, ~이외에

些 xiē 양 약간, 조금

有名 yǒumíng 형 유명하다

风味 fēngwèi 명 맛, 특색, 풍미

小吃 xiǎochī 명 간단한 음식, 스낵(snack)

差不多 chàbuduō 부 대강, 대체로, 거의

羡慕 xiànmù 동 부러워하다, 선망하다

光盘 guāngpán 명 시디롬(CD-ROM)

好听 hǎotīng 형 (말 또는 소리가) 듣기 좋다

可 kě 부 매우 [강조를 나타냄]

好多 hǎoduō 수 대단히 많은, 꽤 많은

遍 biàn 양 번, 회 [한 동작이 시작되어 끝날 때까지의 전 과정]

简单 jiǎndān 형 간단하다, 평범하다

从来 cónglái 부 지금까지, 여태껏

✏️ 어법 단어

英语 Yīngyǔ 명 영어

假 jiǎ 형 거짓의, 가짜의

船 chuán 명 배, 선박

百货大楼 bǎihuò dàlóu 명 백화점(=百货商店)

去年 qùnián 명 작년, 지난해

毕业 bìyè 동 졸업하다 명 졸업

出差 chūchāi 동 출장 가다 명 출장

封 fēng 양 통, 꾸러미

乒乓球 pīngpāngqiú 명 탁구

排球 páiqiú 명 배구

▶️ 고유명사

香山 Xiāngshān 고유 샹산 [지명]

丹尼尔 Dānní'ěr 고유 다니엘(Daniel) [인명]

全聚德 Quánjùdé 고유 취안쥐더 [베이징의 유명 오리구이 전문점]

大连 Dàlián 고유 다롄 [지명]

美国 Měiguó 고유 미국

❶ 가 본 적 있어요? 🎧 01-02

나오미 你去过香山吗?
Nǐ qùguo Xiāngshān ma?

다니엘 去过。
Qùguo.

나오미 你是什么时候去的?
Nǐ shì shénme shíhou qù de?

다니엘 我是上个月去的。
Wǒ shì shàng ge yuè qù de.

나오미 你跟谁一起去的?
Nǐ gēn shéi yìqǐ qù de?

다니엘 我自己去的。
Wǒ zìjǐ qù de.

나오미 你是坐出租车去的吧?
Nǐ shì zuò chūzūchē qù de ba?

다니엘 我不是坐出租车去的,我是骑车去的。
Wǒ bú shì zuò chūzūchē qù de, wǒ shì qí chē qù de.

나오미 是吗?❶ 你真行!
Shì ma? Nǐ zhēn xíng!

2 먹어 본 적 있어요? 🎧 01-03

다니엘 来北京以后，你吃过烤鸭没有？
Lái Běijīng yǐhòu, nǐ chīguo kǎoyā méiyǒu?

폴 吃过两次。
Chīguo liǎng cì.

다니엘 你在哪儿吃的？
Nǐ zài nǎr chī de?

폴 第一次是在全聚德吃的，第二次是在学校
Dì-yī cì shì zài Quánjùdé chī de, dì-èr cì shì zài xuéxiào

附近的饭馆吃的。
fùjìn de fànguǎn chī de.

다니엘 除了烤鸭以外，你还吃过哪些好吃的东西？
Chúle kǎoyā yǐwài, nǐ hái chīguo nǎxiē hǎochī de dōngxi?

폴 北京有名的风味菜和小吃我差不多都吃过。
Běijīng yǒumíng de fēngwèi cài hé xiǎochī wǒ chàbuduō dōu chīguo.

다니엘 真的吗?❶ 我真羡慕你。
Zhēn de ma? Wǒ zhēn xiànmù nǐ.

❸ 들어 본 적 없어요. 🎧 01-04

영남 你听过这张光盘吗?
Nǐ tīngguo zhè zhāng guāngpán ma?

폴 没听过。好听不好听?
Méi tīngguo. Hǎotīng bu hǎotīng?

영남 可好听了!❷ 我听过好多遍, 差不多都会唱了。
Kě hǎotīng le! Wǒ tīngguo hǎoduō biàn, chàbuduō dōu huì chàng le.

폴 你真不简单!❸ 我还从来没学过汉语歌呢。
Nǐ zhēn bù jiǎndān! Wǒ hái cónglái méi xuéguo Hànyǔ gē ne.

신공략 포인트

❶ **是吗? / 真的吗?** 그래요? / 정말요?
'是吗' '真的吗'는 모르고 있던 어떤 사실에 대해 조금 의외라고 느껴지거나 그다지 믿겨지지 않을 때 쓰는 표현이다.

❷ **可好听了!** 듣기 좋아요!
'可……了' 구문으로, 可가 부사로 쓰일 때 강조를 나타내는데, 문장 끝에 了를 써서 정도를 한층 강하게 한다.

❸ **你真不简单!** 당신 정말 대단해요!
'简单'은 '평범하다(平凡)'라는 뜻도 가지고 있는데, 이때는 주로 부정형으로 쓰여 '평범하지 않다' '대단하다'라는 의미를 나타낸다.

1 동태조사 '过'

동태조사 '过'는 동사 뒤에 붙어 어떤 동작이 과거에 이미 발생했었음을 나타낸다. '~한 적이 있다'라는 뜻으로, 과거의 경험을 강조한다.

来北京以后，我去过香山和颐和园。
Lái Běijīng yǐhòu, wǒ qùguo Xiāngshān hé Yíhéyuán.
베이징에 온 이후에 나는 샹산과 이허위안에 가 봤다.

北京有名的风味菜和小吃我差不多都吃过。
Běijīng yǒumíng de fēngwèi cài hé xiǎochī wǒ chàbuduō dōu chīguo.
베이징의 유명한 특색 요리와 간단한 먹거리는 거의 다 먹어 봤다.

부정형은 '没(有)……过'로 나타낸다.

> 没(有) + 동사(술어) + 过 + 목적어

我还从来没学过汉语歌呢。
Wǒ hái cónglái méi xuéguo Hànyǔ gē ne.
나는 여태껏 중국어 노래를 배워 본 적이 없다.

来中国以前，我没学过汉语。
Lái Zhōngguó yǐqián, wǒ méi xuéguo Hànyǔ.
중국에 오기 전에 나는 중국어를 배워 본 적이 없다.

정반의문문 형식은 '……过……没有'이다.

> 동사(술어) + 过 + 목적어 + 没有

来北京以后，你吃过烤鸭没有？
Lái Běijīng yǐhòu, nǐ chīguo kǎoyā méiyǒu?
베이징에 온 이후에 오리구이를 먹어 본 적 있어요?

你见过保罗的女朋友没有？
Nǐ jiànguo Bǎoluó de nǚpéngyou méiyǒu?
폴의 여자친구를 본 적 있어요?

문제로 확인

- 자신의 실제 상황에 근거해 다음 질문에 답해 보세요.

　❶　上大学以前，你学过汉语吗?

　❷　你坐过中国的公共汽车吗?

　❸　你学过英语没有?

　❹　你参加过足球比赛没有?

　❺　你去过中国没有?

　❻　你说过假话没有?

❷ 是……的

'是……的' 구문은 이미 발생한 동작의 시간·장소·방식 등을 강조하여 설명할 때 쓴다. '是'는 강조하려는 내용의 앞에, '的'는 문장 끝에 쓴다.

我是上个月去的。
Wǒ shì shàng ge yuè qù de.
나는 지난달에 가 봤다.

第一次是在全聚德吃的，第二次是在学校附近的饭馆吃的。
Dì-yī cì shì zài Quánjùdé chī de, dì-èr cì shì zài xuéxiào fùjìn de fànguǎn chī de.
첫 번째는 취안쥐더에서 먹었고, 두 번째는 학교 근처 식당에서 먹었다.

我不是坐车去的，我是骑车去的。
Wǒ bú shì zuò chē qù de, wǒ shì qí chē qù de.
나는 차를 타고 간 것이 아니라, 자전거를 타고 갔다.

만약 동사 뒤에 목적어가 있고, 그 목적어가 명사이면 '的'를 목적어 앞에 놓아도 된다.

我是上个月去的香山。
Wǒ shì shàng ge yuè qù de Xiāngshān.
나는 지난달에 샹산에 갔다.

我和朋友是在全聚德吃的烤鸭。
Wǒ hé péngyou shì zài Quánjùdé chī de kǎoyā.
나는 친구와 취안쥐더에서 오리구이를 먹었다.

문제로 확인

- 그림을 보고 주어진 단어를 넣어 교체 연습을 해 보세요.

(1)

보기

A 来北京以后，你吃过日本菜没有?
B 吃过。
A 你是在哪儿吃的?
B 我是在一家日本饭馆吃的。

❶

买、衣服

❷

看、中国电影

(2)

보기

A 昨天你去哪儿了?
B 我去颐和园了。
A 你是跟谁一起去的?
B 我是跟我女朋友一起去的。
A 你们是怎么去的?
B 我们骑自行车去的。

❶

大同、坐火车

❷

大连、坐船

(3) 보기

A 你弟弟 结婚了没有?
B 他已经结婚了。
A 他是什么时候结婚的?
B 他是去年 结婚的。

①
妹妹、大学毕业

②
西蒙、回国

(4) 보기

A 你去过上海吗?
B 去过。
A 你是去旅行的吗?
B 不是，我是去出差的。

①
韩国、工作

②
美国、学习

3 동량보어

> 동사(술어) + 수사 + 동량사
> 동량보어

수사와 동량사가 결합하여 동사 뒤에서 동량보어로 쓰인다. 동량보어는 술어의 뒤에서 동작이나 행위의 횟수를 나타내는 보어이다. 자주 쓰이는 동량사에는 '遍' '次' '下' 등이 있다.

我们吃过两次烤鸭。 우리는 오리구이를 두 번 먹어 봤다.
Wǒmen chīguo liǎng cì kǎoyā.

那首歌我听过好多遍。 그 노래를 나는 여러 번 들어 봤다.
Nà shǒu gē wǒ tīngguo hǎoduō biàn.

이때, '次'와 '遍'의 용법은 같다. 단지 '遍'은 한 동작이 처음부터 끝까지의 전 과정에 있음을 강조한다.

동사의 목적어가 명사이면, 동량보어는 목적어 앞에 놓인다. 만약 목적어가 대사이면, 동량보어는 일반적으로 목적어 뒤에 놓인다.

我去过三次香山。 나는 샹산에 세 번 가 봤다.
Wǒ qùguo sān cì Xiāngshān.

今天我找了你三次。 오늘 나는 너를 세 번 찾았었다.
Jīntiān wǒ zhǎo le nǐ sān cì.

'一下儿' 역시 동량보어이다. 동작의 횟수를 나타내는 것 외에, 동작의 경과 시간이 짧음을 나타내기도 한다. 이때는 '가볍게 한 번 해 보다'라는 의미를 가진다.

请介绍一下儿你的情况，好吗？ 당신의 상황에 대해 소개 좀 해 주시겠어요?
Qǐng jièshào yíxiàr nǐ de qíngkuàng, hǎo ma?

一共一百五，请数一下儿。 모두 150위안입니다. 세어 보세요.
Yígòng yìbǎi wǔ, qǐng shǔ yíxiàr.

문제로 확인

- '遍'이나 '次'를 넣어 빈칸을 채워 보세요.

  ① 我去过三四_____颐和园。

  ② 工作以后，小雨只睡过一_____懒觉。

❸ 这本书我看过两_____。

❹ 这首歌我听过好多_____了。

❺ 那封信他已经看了三_____了。

❻ 这个星期他给女朋友打过七_____电话。

❹ 除了……以外

(1) '~이외에도'라는 뜻으로, 앞에서 언급한 것 외에 다른 것이 더 있음을 나타낸다. 뒤에는 '还'나 '也' 등이 자주 호응한다.

除了英语**以外**，我**也**会说法语和德语。
Chúle Yīngyǔ yǐwài, wǒ yě huì shuō Fǎyǔ hé Déyǔ.
영어 외에도 나는 프랑스어와 독일어를 할 줄 안다.

除了烤鸭**以外**，你**还**吃过什么好吃的?
Chúle kǎoyā yǐwài, nǐ hái chīguo shénme hǎochī de?
오리구이 외에 당신은 또 어떤 맛있는 음식을 먹어 봤어요?

(2) '~을 제외하고는' '~이외에는'이라는 뜻으로, 앞에서 언급한 것을 포함하지 않고 배제함을 나타낸다. 뒤에는 보통 '都'가 와서 호응한다.

除了丹尼尔**以外**，别的同学**都**来了。
Chúle Dānní'ěr yǐwài, bié de tóngxué dōu lái le.
다니엘을 제외하고는 다른 학생들은 모두 왔다.

除了西蒙**以外**，我们**都**不会说法语。
Chúle Xīméng yǐwài, wǒmen dōu bú huì shuō Fǎyǔ.
사이먼 외에는 우리는 모두 프랑스어를 할 줄 모른다.

문제로 확인

- 그림을 보고 '**除了**……**以外**'를 사용하여 대화를 완성해 보세요.

❶

A 除了香山以外，他还去过哪儿?

B _____。

❷

A 除了打乒乓球以外，他还喜欢什么运动?

B _____。
（排球）

❸

A 除了书以外，桌子上还有什么?

B _____。

❹

A 今天同学们都来了吗?

B _____。

1 밑줄 친 부분에 다른 내용을 넣어 교체 연습을 해 보세요.

❶ A 我<u>不是坐出租车去的</u>，<u>我是骑车去的</u>。
　B 是吗？你真行！

❷ A <u>北京有名的风味菜和小吃</u>我差不多都<u>吃</u>过。
　B 真的吗？我真羡慕你。

❸ A <u>这首歌</u>我差不多都会<u>唱</u>了。
　B 你真不简单！我还从来没<u>学</u>过<u>汉语歌</u>呢。

2 주어진 자료에 근거하여 질문에 답해 보세요.

简历			
姓名	林歌	性别	女
2005. 7—2009. 7	在北京大学学习日语		
2009. 12—2012. 7	在北京语言大学教日语		
2012. 10—2014. 10	跟爱人一起去日本工作		
2014. 10	从日本回国		
2014. 12—现在	在"汉星"旅行社当导游		
特长	日语、英语、韩语	爱好	看韩国电视剧、打乒乓球

简历 jiǎnlì 명 약력, 이력 ｜ 姓名 xìngmíng 명 성명 ｜ 性别 xìngbié 명 성별 ｜ 旅行社 lǚxíngshè 명 여행사 ｜ 特长 tècháng 명 특기 ｜ 爱好 àihào 명 취미 ｜ 电视剧 diànshìjù 명 텔레비전 드라마

❶ 제시된 이력서를 보고, 면접 상황을 대화로 만들어 보세요.

상황   린꺼가 한 회사에 면접을 보러 갔다.
역할   린꺼와 회사 대표

❷ 린꺼의 입장이 되어 회사 대표에게 자기소개를 해 보세요.

3 지문을 읽고 폴이 학급 친구들에게 자기소개하는 상황을 중국어로 말해 보세요.

保罗1986年**出生**，2009年大学毕业。毕业以后，他在一家汽车公司当职员。2015年结婚，2016年跟爱人一起来中国旅行。他喜欢踢足球，还喜欢喝啤酒、打网球。在大学的时候，他是大学足球队的**队员**。

出生 chūshēng 동 태어나다 | 队员 duìyuán 명 팀원

4 녹음을 듣고 질문에 답한 후, 내용을 다시 중국어로 말해 보세요. 🎧 01-05

① 汤姆今天早上吃的是什么?

② 老师是怎么知道的?

③ 巧克力是什么时候吃的?

汤姆 Tāngmǔ 고유 톰 [인명] | 脸 liǎn 명 얼굴

문이 열려 있어요.
门开着。
Mén kāizhe.

02

- **학습 목표**
동작이나 상태의 지속을 표현할 수 있다.

- **어법 포인트**
동작의 지속 | 구조조사 地 | 형용사 중첩

단어 익히기

🎧 02-01

🗨 회화 단어

开 kāi 동 열다, 켜다
着 zhe 조 ~하고 있다, ~한 채로 있다
书架 shūjià 명 책꽂이, 책장
放 fàng 동 놓다, 두다
椅子 yǐzi 명 의자
躺 tǎng 동 눕다, 드러눕다
地 de 조 [앞의 단어나 구가 부사어로 쓰여 동사·형용사를 수식할 경우에 쓰임]
超市 chāoshì 명 슈퍼마켓
立 lì 동 서다, 세우다
排 pái 양 줄, 열 [줄, 열을 이룬 것을 세는 데 쓰임]
货架 huòjià 명 (상점이나 창고에 있는) 진열대
整齐 zhěngqí 형 정연하다, 가지런하다
摆 bǎi 동 벌여 놓다, 배열하다, 진열하다
各 gè 대 각, 여러, 갖가지
挂 guà 동 (고리·못 따위에) 걸다
牌子 páizi 명 팻말
勿 wù 부 ~하지 마라, ~해서는 안 된다
吸烟 xī yān 담배를 피우다
书房 shūfáng 명 서재, 서점
沙发 shāfā 명 소파
报 bào 명 신문
客厅 kètīng 명 객실, 응접실
邻居 línjū 명 이웃, 이웃집, 이웃 사람
猫 māo 명 고양이

窗台 chuāngtái 명 창턱, 창문턱
趴 pā 동 엎드리다

✏ 어법 단어

窗户 chuānghu 명 창문
站 zhàn 동 서다, 일어서다
戴 dài 동 착용하다, 쓰다
穿 chuān 동 입다, 신다
抱 bào 동 안다, 포옹하다
拿 ná 동 쥐다, 잡다, 가지다
背 bēi 동 업다, (등에) 짊어지다
墙 qiáng 명 벽
幅 fú 양 폭 [종이·그림·옷감을 세는 단위]
地图 dìtú 명 지도
花盆 huāpén 명 화분
哭 kū 동 (소리 내어) 울다
生气 shēngqì 동 화내다, 성내다
认真 rènzhēn 형 성실하다, 진지하다, 착실하다

 배우기

① 폴은 의자에 앉아 있습니다. 🎧 02-02

这是英男和保罗的房间，门开着，电视也开着。
Zhè shì Yīngnán hé Bǎoluó de fángjiān, mén kāizhe, diànshì yě kāizhe.

书和词典在书架上放着，保罗在椅子上坐着，英男在
Shū hé cídiǎn zài shūjià shang fàngzhe, Bǎoluó zài yǐzi shang zuòzhe, Yīngnán zài

床上躺着，他们正在紧张地看着电视里的足球赛。
chuáng shang tǎngzhe, tāmen zhèngzài jǐnzhāng de kànzhe diànshì li de zúqiúsài.

② 큰 팻말이 하나 걸려 있습니다. 🎧 02-03

这是一家超市。漂漂亮亮的大厅里立着一排一排
Zhè shì yì jiā chāoshì.　Piàopiaoliàngliàng de dàtīng li lìzhe yì pái yì pái

的货架，货架上整整齐齐地摆着各种吃的和用的东西。
de huòjià, huòjià shang zhěngzhengqíqí de bǎizhe gè zhǒng chī de hé yòng de dōngxi.

门口挂着一个大大的牌子，上边写着"请勿吸烟"。
Ménkǒu guàzhe yí ge dàdà de páizi, shàngbian xiězhe "qǐng wù xī yān".

❸ 소파에 앉아 신문을 보고 있습니다. 🎧 02-04

这是小雨的家。书房里很安静。爸爸正在沙发上
Zhè shì Xiǎoyǔ de jiā. Shūfáng li hěn ānjìng. Bàba zhèngzài shāfā shang

坐着看报，妈妈在客厅里跟邻居喝着咖啡聊天儿，小雨
zuòzhe kàn bào, māma zài kètīng li gēn línjū hēzhe kāfēi liáotiānr, Xiǎoyǔ

在自己的房间里听着音乐看书。他们家的小猫呢？在
zài zìjǐ de fángjiān li tīngzhe yīnyuè kàn shū. Tāmen jiā de xiǎo māo ne? Zài

窗台上趴着睡觉呢。
chuāngtái shang pāzhe shuìjiào ne.

1 동작의 지속

(1) 동태조사 '着'는 동사 뒤에 놓여, 동작의 진행이나 상태의 지속을 나타낸다. '~하고 있다' '~한 상태이다'의 의미를 가진다.

> 명사/대사(주어) + 동사(술어) + 着 + (목적어)

门开着，电视机也开着。 문이 열려 있고, 텔레비전도 켜져 있다.
Mén kāizhe, diànshìjī yě kāizhe.

英男在床上躺着。 영남이는 침대에 누워 있다.
Yīngnán zài chuáng shang tǎngzhe.

门口挂着一个牌子。 입구에는 팻말 하나가 걸려 있다.
Ménkǒu guàzhe yí ge páizi.

부정형은 '没(有)……着'이다.

> 명사/대사(주어) + 没 + 동사(술어) + 着 + (목적어)

保罗没躺着，他坐着呢。 폴은 누워 있지 않고, 앉아 있다.
Bǎoluó méi tǎngzhe, tā zuòzhe ne.

정반의문문 형식은 '……着没有'이다.

门开着没有? 문이 열려 있습니까?
Mén kāizhe méiyǒu?

(2) 동태조사 '着'는 두 동사 사이에 쓰여 연동문(連動文)을 구성하며, 두 동작이 동시에 또는 잇달아 이루어지거나 양자 사이에 방식·수단·목적의 관계가 있음을 나타낸다. 이때는 '~하면서' '~한 채로'의 의미를 가진다.

小猫在窗台上趴着睡觉呢。
Xiǎo māo zài chuāngtái shang pāzhe shuìjiào ne.
새끼 고양이가 창문턱에 엎드려서 자고 있다.

妈妈在客厅里跟邻居喝着咖啡聊天儿。
Māma zài kètīng li gēn línjū hēzhe kāfēi liáotiānr.
어머니는 거실에서 이웃분과 커피를 마시며 이야기를 나누고 계신다.

문제로 확인

● 그림을 보고 '**着**'를 사용하여 문장을 완성해 보세요.

(1) 보기

门开着。

❶ 窗户_____。

❷ 台灯_____。

(2) 보기

老师站着。

❶ 学生们_____。

❷ 爷爷_____。

(3)

> 보기
> 他戴着帽子。(戴)

① 她_____。(穿)

② 这个人_____。(戴)

(4)

> 보기
> 她抱着孩子。(抱)

① 他_____。(拿)

② 这个学生_____。(背)

(5) 보기

桌子上放着一本词典。（放）

① 墙上_____。
（挂、地图）

② 窗台上_____。
（摆、花盆）

(6) 보기

这个孩子哭着说:"我的小猫病了。"
（哭、说）

① 他_____。
（走、去）

② 老师_____。
（坐、休息）

他喜欢＿＿＿＿＿＿＿＿＿＿。
　　　　　　（趴、看）

2 구조조사 '地'

2음절 형용사가 부사어로 쓰여 동사를 수식할 때, 일반적으로 중간에 구조조사 '地'를 쓴다. '地' 없이 동사 앞에 쓸 수 있는 2음절 형용사라도 만약 그 앞에 또 다른 부사어가 있을 경우에는 '地'를 생략할 수 없다.

> 주어 + 2음절 형용사 + 地 + 동사(술어) + 목적어
> 　　　　　부사어

他们正在紧张地看着电视里的足球赛。
Tāmen zhèngzài jǐnzhāng de kànzhe diànshì li de zúqiúsài.
그들은 긴장한 채 텔레비전 속 축구 경기를 보고 있다.

他非常努力地工作。
Tā fēicháng nǔlì de gōngzuò.
그는 매우 열심히 일한다.

중첩된 형용사가 부사어로 쓰일 때도 뒤에 구조조사 '地'를 붙인다. 이때, 1음절 형용사의 중첩에서는 '地'를 생략할 수도 있지만, 2음절 형용사의 중첩 뒤에는 반드시 구조조사 '地'를 써야 한다.

> 주어 + 형용사 중첩 + 地 + 동사(술어) + 목적어
> 　　　　　부사어

货架上整整齐齐地摆着各种吃的和用的。
Huòjià shang zhěngzhengqíqí de bǎizhe gè zhǒng chī de hé yòng de.
상품 진열대에는 각종 먹거리와 용품들이 가지런히 놓여 있다.

문제로 확인

- 주어진 단어를 조합하여 완전한 문장으로 만들어 보세요.

① 非常　　他　　学习　　地　　努力
→ _____

② 她　　说　　生气　　地
→ _____

③ 他　　汉字　　认认真真　　写　　地　　每天
→ _____

④ 孩子们　　地　　高高兴兴　　家　　回　　了
→ _____

3 형용사 중첩

일부 형용사는 중첩할 수 있는데, 형용사를 중첩하면 성질이나 상태의 '정도가 심화됨'을 나타낸다. 1음절 형용사를 중첩하면, 두 번째 음절은 보통 제1성으로 변하고 er화(儿化) 된다. 2음절 형용사는 'AABB' 형식으로 중첩되며, 두 번째 음절은 경성으로 발음한다.

형용사가 중첩되어 부사어로 쓰일 경우, 1음절 형용사의 중첩은 뒤에 구조조사 '地'를 붙여도 되고 붙이지 않아도 된다. 하지만 2음절 형용사의 중첩은 뒤에 구조조사 '地'를 반드시 붙여야 한다. 형용사가 중첩되어 관형어나 술어로 쓰일 경우에는 뒤에 '的'를 붙여야 한다.

每天爷爷都早早儿地起床。　할아버지는 매일 아주 일찍 일어나신다.
Měi tiān yéye dōu zǎozāor de qǐchuáng.

你应该好好儿休息一会儿。　당신은 좀 푹 쉬어야 해요.
Nǐ yīnggāi hǎohāor xiūxi yíhuìr.

漂漂亮亮的大厅里立着一排一排的货架。
Piàopiaoliàngliàng de dàtīng li lìzhe yì pái yì pái de huòjià.
아름다운 홀 안에 상품 진열대가 한 줄 한 줄 세워져 있다.

她的头发长长的。　그녀의 머리카락은 매우 길다.
Tā de tóufa chángcháng de.

문제로 확인

- 다음 문장을 형용사의 중첩 형식으로 고쳐 써 보세요.

  ① 他拿着一个特别大的杯子。

     → _____

  ② 桌子上放着一本非常厚的书。

     → _____

  ③ 他非常认真地回答老师的问题。

     → _____

  ④ 今天他很早就起床了。

     → _____

  ⑤ 她个子很高，头发很长。

     → _____

1. 그림을 보고 상황에 맞게 대화를 만들어 보세요.

상황 량량을 데리고 쇼핑을 나갔던 량량 엄마는 량량을 잃어버려 경찰에게 도움을 청한다.
역할 량량의 엄마와 경찰

丢 diū 동 잃어버리다 | 警察 jǐngchá 명 경찰

2 동태조사 '**着**'를 사용하여 그림 속 상황을 묘사해 보세요.

这是我们的教室，……

现在是休息时间，……

3 녹음을 듣고, 주어진 물건들의 위치를 그림에서 찾아 번호를 써 넣으세요. 🎧 02-05

① 书包
② 鞋
③ 台灯
④ 照片
⑤ 电话
⑥ 花

전화 잘못 거셨어요.

你打错了。
Nǐ dǎcuò le.

03

- **학습 목표**
  결과보어 용법을 익혀 활용할 수 있다.

- **어법 포인트**
  결과보어 | 결과보어 到 | 一……就…… | 결과보어 住

단어 익히기

🎧 03-01

🔊 회화 단어

喂 wéi/wèi 감 여보세요
错 cuò 형 틀리다, 맞지 않다
猜 cāi 동 추측하다, 알아맞히다
对 duì 형 맞다, 옳다
一直 yìzhí 부 계속해서, 줄곧, 내내
待 dāi 동 머물다, 체류하다
回来 huílái 동 돌아오다
取 qǔ 동 가지다, 찾다, 받다
一……就…… yī……jiù…… ~하자마자 ~하다, ~하자 곧 ~
完 wán 동 끝나다, 마치다, 완결되다
麻烦 máfan 동 귀찮게 하다, 번거롭게 하다 형 귀찮다, 성가시다
转告 zhuǎngào 동 (말을) 전달하다
票 piào 명 표
清楚 qīngchu 형 분명하다, 명확하다
看见 kànjiàn 동 보다, 보이다
急 jí 형 급하다, 긴급하다
叫 jiào 동 부르다
听见 tīngjiàn 동 들리다, 듣다
记 jì 동 기억하다, 암기하다
手机 shǒujī 명 핸드폰, 휴대전화
得 děi 조동 ~해야 한다
发 fā 동 보내다, 부치다, 발송하다
短信 duǎnxìn 명 짧은 편지, 문자 메시지

✏️ 어법 단어

作业 zuòyè 명 숙제, 과제
修 xiū 동 수리하다
手表 shǒubiǎo 명 손목시계
接 jiē 동 맞이하다, 마중하다
开始 kāishǐ 동 시작하다
讲 jiǎng 동 설명하다, 이야기하다
懂 dǒng 동 알다, 이해하다
停 tíng 동 서다, 멈추다
生词 shēngcí 명 새 단어

▶ 고유명사

大同 Dàtóng 고유 다퉁 [지명]

1 전화 잘못 거셨습니다. 🎧 03-02

샤오예 喂，是留学生宿舍吗？
Wéi, shì liúxuéshēng sùshè ma?

A 你打错了。
Nǐ dǎcuò le.

* * * * * * * * * * *

샤오예 喂，我找莉莉。
Wéi, wǒ zhǎo Lìli.

릴리 我就是。你是小叶吧？
Wǒ jiù shì. Nǐ shì Xiǎoyè ba?

샤오예 猜对了。昨天你去哪儿了？我找了你一天也没找到。
Cāiduì le. Zuótiān nǐ qù nǎr le? Wǒ zhǎo le nǐ yì tiān yě méi zhǎodào.

릴리 我去朋友那儿了，一直待到十点才回来。
Wǒ qù péngyou nàr le, yìzhí dāidào shí diǎn cái huílái.

你找我有什么事？
Nǐ zhǎo wǒ yǒu shénme shì?

샤오예 你要的书我给你准备好了，你什么时候来取？
Nǐ yào de shū wǒ gěi nǐ zhǔnbèi hǎo le, nǐ shénme shíhou lái qǔ?

릴리 太好了！❶ 我一吃完晚饭就去。
Tài hǎo le! Wǒ yì chīwán wǎnfàn jiù qù.

❷ 다시 한번 말씀해 주시겠어요? 🎧 03-03

영남 请问，丹尼尔在吗？
Qǐngwèn, Dānní'ěr zài ma?

룸메이트 他不在。您是哪位？
Tā bú zài. Nín shì nǎ wèi?

영남 我是李英男，麻烦您转告他一件事❷，行吗？
Wǒ shì Lǐ Yīngnán, máfan nín zhuǎngào tā yí jiàn shì, xíng ma?

룸메이트 没问题❸，你说吧。
Méi wèntí, nǐ shuō ba.

영남 去大同的火车票买到了，星期五晚上九点半的。
Qù Dàtóng de huǒchēpiào mǎidào le, xīngqīwǔ wǎnshang jiǔ diǎn bàn de.

룸메이트 对不起，我没听清楚，请再说一遍，好吗？
Duìbuqǐ, wǒ méi tīng qīngchu, qǐng zài shuō yí biàn, hǎo ma?

③ 폴을 봤어요? 🎧 03-04

샤오위 你看见保罗了没有？我有急事要找他。
Nǐ kànjiàn Bǎoluó le méiyǒu? Wǒ yǒu jí shì yào zhǎo tā.

영남 刚才我看见他往南门那边走了。
Gāngcái wǒ kànjiàn tā wǎng nánmén nàbiān zǒu le.

샤오위 你知道他去哪儿了吗？
Nǐ zhīdào tā qù nǎr le ma?

영남 不知道。他没看见我。我叫他，他也没听见。
Bù zhīdào. Tā méi kànjiàn wǒ. Wǒ jiào tā, tā yě méi tīngjiàn.

샤오위 你记住他的手机号了吗？我得给他打个电话。
Nǐ jìzhù tā de shǒujī hào le ma? Wǒ děi gěi tā dǎ ge diànhuà.

* * * * * * * * * * * *

샤오위 他关机了。
Tā guān jī le.

영남 那你就给他发个短信。他一开机就看到了。
Nà nǐ jiù gěi tā fā ge duǎnxìn. Tā yì kāi jī jiù kàndào le.

신공략 포인트

❶ **太好了!** 너무 좋아요! 정말 잘 됐어요!
'太……了'는 '매우 ~하다'라는 뜻으로, 강조의 어기를 나타낸다.

❷ **麻烦您转告他一件事。** 번거로우시겠지만 그에게 한 가지 전해 주세요.
'麻烦您……'은 다른 사람에게 도움을 요청할 때 자주 쓰이는 문형이다.

❸ **没问题。** 그럼요.
다른 사람의 의문이나 부탁에 대해 '할 수 있다'는 긍정의 의사를 표현할 때 쓴다.

1 결과보어

동사 뒤에서 동작의 결과를 보충 설명하는 보어를 '결과보어'라고 한다. 일반적으로 동사나 형용사가 결과보어로 쓰인다. 결과보어는 동사와 긴밀하게 결합하기 때문에, 결과보어와 동사 사이에 다른 문장성분이 들어갈 수 없다.

> 주어 + 동사(술어) + 결과보어(+了) + 목적어
> 동사/형용사

你要的书我给你准备好了。 네가 필요하다고 했던 책 내가 준비해 두었어.
Nǐ yào de shū wǒ gěi nǐ zhǔnbèi hǎo le.

我已经做完饭了。 나는 이미 밥을 다 지었다.
Wǒ yǐjīng zuòwán fàn le.

我看见小雨往南门那边走了。 나는 샤오위가 남문 쪽으로 가는 것을 봤다.
Wǒ kànjiàn Xiǎoyǔ wǎng nánmén nàbiān zǒu le.

결과가 발생한 동작은 이미 완성된 것을 의미하기 때문에, 결과보어를 가진 문장의 부정형식은 일반적으로 '没(有)'를 써야 한다. 정반의문문 형식은 '……没有'이다.

A 你看见保罗了没有? 너 폴 봤니?　　B 没看见。 못 봤어.
　Nǐ kànjiàn Bǎoluó le méiyǒu?　　　　Méi kànjiàn.

对不起，我没听清楚，请再说一遍。
Duìbuqǐ, wǒ méi tīng qīngchu, qǐng zài shuō yí biàn.
미안하지만, 잘 못 들었어요. 다시 한번 말씀해 주세요.

결과보어 뒤에 오는 '了'는 동작의 완료를 나타낸다. 그러나 뒤에 수식어를 갖지 않는 목적어가 올 경우에는 목적어 뒤에도 쓸 수 있다. '了'가 동사 뒤에 바로 붙어 나올 경우에는, 일반적으로 뒤에 다른 동작이 이어진다. '了'가 문장 끝에 나올 경우에는 종결의 의미를 갖는다.

他做完了作业就出去玩儿了。 그는 숙제를 다 하고 나가서 놀았다.
Tā zuòwán le zuòyè jiù chūqù wánr le.

他做完作业了。 그는 숙제를 다 했다.
Tā zuòwán zuòyè le.

他做完了今天的作业。 그는 오늘 숙제를 다 했다.
Tā zuòwán le jīntiān de zuòyè.

他做完今天的作业了。(✗)

문제로 확인

- 그림을 보고 주어진 단어를 넣어 문장을 만들어 보세요.

(1) 보기

洗、衣服　　　　　干净

衣服洗干净了。

❶

擦、黑板　　　　　干净

_____。

❷

打扫、房间　　　　干净

_____。

(2)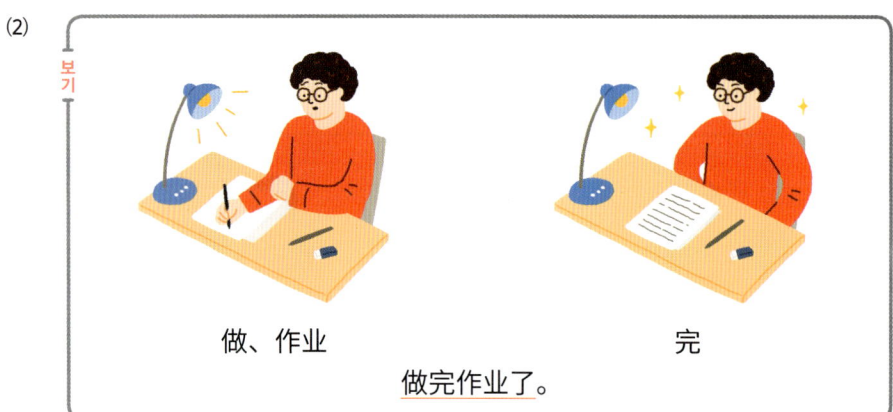

做、作业　　　　　完

<u>做完</u>作业<u>了</u>。

❶

吃、饭　　　　　完

_____。

❷

卖、苹果　　　　　完

_____。

(3)

打、电话　　　　　　错

<u>打错电话了。</u>

❶

坐、车　　　　　　错

_____。

❷

拿、书包　　　　　　错

_____。

(4)

修、自行车　　　好

<u>修好自行车了。</u>

❶

做、饭　　　好

_____。

❷

穿、鞋　　　好

_____。

2 결과보어 '到'

동사 '到'가 결과보어로 쓰이면, 동작이 일정한 정도에 이르렀거나 일정한 시간까지 지속됨을 의미한다.

我回到家就给你打电话。　내가 집에 도착하면 바로 너에게 전화할게.
Wǒ huídào jiā jiù gěi nǐ dǎ diànhuà.

我们已经学到二十三课了。　우리는 벌써 23과까지 배웠다.
Wǒmen yǐjīng xuédào èrshísān kè le.

我去朋友那儿了，一直待到十点才回来。　나는 친구한테 가서 10시까지 있다가 돌아왔다.
Wǒ qù péngyou nàr le, yìzhí dāidào shí diǎn cái huílái.

결과보어 '到'는 또한 동작이 목적에 이르렀음을 나타내기도 한다.

去大同的火车票买到了。　다퉁에 가는 기차표를 구입했다.
Qù Dàtóng de huǒchēpiào mǎidào le.

昨天你去哪儿了？我找了你一天也没找到。
Zuótiān nǐ qù nǎr le? Wǒ zhǎo le nǐ yì tiān yě méi zhǎodào.
어제 어디 갔었어? 내가 하루 종일 찾았는데도 없던데.

문제로 확인

- 주어진 단어를 사용하여 문장을 완성해 보세요.

　① 他最近挺忙的，_____。（工作到）

　② 我要在北京_____。（住到）

　③ 从你们学校_____要多长时间？（骑到）

• 그림을 보고 주어진 단어를 사용하여 상황을 설명해 보세요.

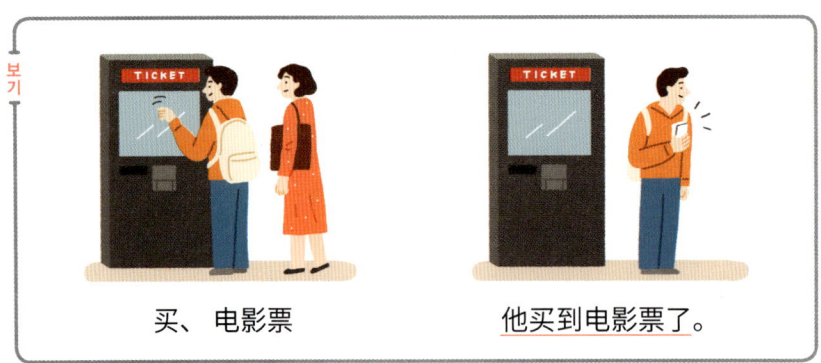

보기: 买、电影票 — 他买到电影票了。

❶

找、手表　　　　_____。

❷

接、朋友　　　　_____。

❸

看、长城　　　　_____。

❸ 一……就……

'一……就……'는 '~하자 곧~' '~하자마자 ~하다'라는 뜻으로, 두 가지 사건이 시간상 연이어 발생함을 나타낸다. 이때 주어는 같을 수도 있고, 다를 수도 있다.

我一吃完晚饭就去。 나는 저녁을 먹고 바로 갈 거야.
Wǒ yì chīwán wǎnfàn jiù qù.

他一说完，大家就都笑了。 그가 말을 마치자마자 모두들 웃었다.
Tā yì shuōwán, dàjiā jiù dōu xiào le.

때로 앞 절은 조건을, 뒤 절은 결과를 나타내기도 한다. '~하기만 하면 ~하다'라는 뜻으로, 어떤 조건이 구비되면 어떤 결과가 생김을 나타낸다.

一到夏天，我们就去游泳。 여름만 되면 우리는 수영을 하러 간다.
Yí dào xiàtiān, wǒmen jiù qù yóuyǒng.

直美一回答问题就紧张。 나오미는 질문에 대답하려고 하면 꼭 긴장한다.
Zhíměi yì huídá wèntí jiù jǐnzhāng.

문제로 확인

● 보기와 같이 '一……就……' 형식을 사용하여 문장을 완성해 보세요.

(1) 보기 他一毕业就开始找工作。

　① 我一下课_____。

　② 我们一考完试_____。

　③ _____就看电视。

(2) 보기 老师一讲，我就懂了。

　① 天一晴，_____。

　② 秋天一到，_____。

　③ _____，我们就出发。

④ 결과보어 '住'

'住'가 결과보어로 쓰이면, 동작의 결과가 확고해지거나 움직이던 물체가 정지 또는 고정됨을 나타낸다.

你记住他的手机号了吗? 그의 핸드폰 번호를 기억하니?
Nǐ jìzhù tā de shǒujī hào le ma?

汽车停住了。 자동차가 멈춰 섰다.
Qìchē tíngzhù le.

문제로 확인

- 그림을 보고 질문에 답해 보세요.

보기

接

A 接住了没有?
B 接住了。

❶

站

A 她站住了吗?
B _____。

❷ 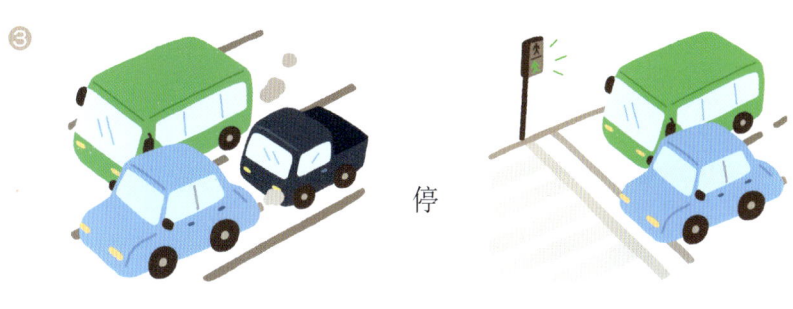 记

A 他记住生词了没有？

B _____。

❸ 停

A 汽车停住了没有？

B _____。

1 주어진 화제로 대화를 나누어 보세요.

상황 전화를 걸다

① 喂，是……吗?

② 麻烦您转告……一下儿，好吗?

2 다음 대화문을 서술문으로 바꿔 보세요.

先生 喂，是新新商店吗?
小姐 你打错了。
先生 我在电视上看见你们那儿卖的一件**皮大衣**，我想给我爱人买一件……
小姐 先生，你没听见吗? 你打错了。
先生 什么? 我没听清楚，请您再说一遍，好吗?
小姐 好，请你听清楚: 你打错了!
先生 啊? 卖完了，真**遗憾**!

皮大衣 pí dàyī 명 가죽 외투 | **遗憾** yíhàn 형 유감이다

3 녹음을 듣고 질문에 답해 보세요. 🎧 03-05

① 服务员去给客人打扫房间的时候，看见了什么？

② 他对客人说了什么？

③ 客人穿好衣服以后，他又对客人说了什么？

④ 刚才他真看错了吗？

饭店 fàndiàn 명 호텔 | 客人 kèrén 명 손님 | 内衣 nèiyī 명 속옷 | 又 yòu 부 또한 | 原来 yuánlái 부 알고 보니 | 女士 nǚshì 명 부인, 여사 | 对 duì 개 ~에게

그녀는 외출했어요.

她出去了。
Tā chūqù le.

04

- **학습 목표**

  방향보어 용법을 익혀 활용할 수 있다.

- **어법 포인트**

  방향보어 | 겸어문 | 要是……就……

단어 익히기

🎧 04-01

🔵 회화 단어

出 chū 동 (안에서 밖으로) 나가다, 나오다

妨碍 fáng'ài 동 방해하다, 지장을 주다

屋 wū 명 방, 거실

那(么) nà(me) 접 그러면, 그렇다면

打扰 dǎrǎo 동 방해하다, 귀찮게 하다, 폐를 끼치다

抱歉 bàoqiàn 형 미안해하다, 미안하게 생각하다, 미안합니다

让 ràng 동 ~하게 하다, ~하도록 시키다

久 jiǔ 형 오래다, (시간이) 길다

叫 jiào 동 ~하게 하다, ~하도록 하다

帮 bāng 동 돕다, 거들다

送 sòng 동 보내다, 발송하다, 배달하다

不好意思 bù hǎoyìsi 부끄럽다, 쑥스럽다, 죄송하다, 미안하다

又 yòu 부 또, 다시

帮忙 bāngmáng 동 일(손)을 돕다, 도움을 주다

别 bié 부 ~하지 마라

上 shàng 동 (높은 곳이나 탈 것에) 오르다, 타다

要是 yàoshi 접 만일 ~이라면, 만약 ~하면

马上 mǎshàng 부 곧, 즉시

下 xià 동 (높은 곳에서 낮은 곳으로) 내려가다

🔴 어법 단어

照相机 zhàoxiàngjī 명 사진기, 카메라

照相 zhàoxiàng 동 사진을 찍다

盒 hé 양 갑, 통, 상자 [작은 상자를 세는 단위]

借 jiè 동 빌리다, 빌려주다

小说 xiǎoshuō 명 소설

杂志 zázhì 명 잡지

跑 pǎo 동 달리다, 뛰다

橘子 júzi 명 귤

预习 yùxí 동 예습하다

회화 배우기

1 들어와서 기다리세요. 🎧 04-02

(샤오예가 나오미의 기숙사에 가다)

샤오예 莉莉呢？❶
Lìli ne?

나오미 她出去了。可能一会儿就回来。
Tā chūqù le.　Kěnéng yíhuìr jiù huílái.

샤오예 她到哪儿去了？
Tā dào nǎr qù le?

나오미 到书店去了。你进来等她吧。
Dào shūdiàn qù le. Nǐ jìnlái děng tā ba.

샤오예 你正在学习吧？不妨碍你吗？
Nǐ zhèngzài xuéxí ba? Bù fáng'ài nǐ ma?

나오미 没关系，快进屋来吧。
Méi guānxi, kuài jìn wū lái ba.

샤오예 那打扰你了。
Nà dǎrǎo nǐ le.

② 오래 기다리게 해서 미안해요. 🎧 04-03

(릴리가 돌아온 후)

릴리 真抱歉，让你久等了。❷
Zhēn bàoqiàn, ràng nǐ jiǔ děng le.

샤오예 没什么。❸ 这是你叫我帮你买的书。
Méi shénme. Zhè shì nǐ jiào wǒ bāng nǐ mǎi de shū.

릴리 还麻烦你给我送来，真不好意思。❹
Hái máfan nǐ gěi wǒ sònglái, zhēn bù hǎoyìsi.

샤오예 你太客气了。
Nǐ tài kèqi le.

릴리 你看，我又买回来一些书。
Nǐ kàn, wǒ yòu mǎi huílai yìxiē shū.

샤오예 这么多，你都准备寄回国去，是吗？❺
Zhème duō, nǐ dōu zhǔnbèi jì huí guó qù, shì ma?

릴리 是啊，我打算明天就寄回去。
Shì a, wǒ dǎsuàn míngtiān jiù jì huíqu.

샤오예 挺重的吧？要我帮忙吗？
Tǐng zhòng de ba? Yào wǒ bāngmáng ma?

릴리 不用了。
Búyòng le.

③ 죄송하지만 부탁 좀 할게요. 🎧 04-04

나오미 对不起，打扰你们一下儿。
Duìbuqǐ, dǎrǎo nǐmen yíxiàr.

릴리 别客气，你说吧。
　　　Bié kèqi, nǐ shuō ba.

나오미 我现在得上楼去，要是丹尼尔来了，
　　　Wǒ xiànzài děi shàng lóu qù, yàoshi Dānní'ěr lái le,

　　　你就让他等我一下儿。
　　　nǐ jiù ràng tā děng wǒ yíxiàr.

릴리 没问题。
　　　Méi wèntí.

나오미 告诉他我马上就下来。多谢了。❻
　　　Gàosu tā wǒ mǎshàng jiù xiàlái. Duō xiè le.

신공략 포인트

❶ **莉莉呢?** 릴리는?(릴리는 어디 있어요?)
'呢'가 명사·대사·수량사 뒤에 쓰이고 앞뒤에 다른 내용이 없을 때는 '위치'를 묻는 것이다. '莉莉呢?'는 '莉莉在哪儿?'의 뜻이다.
　예 手机呢? 핸드폰은 (어디 있어요)? / 他呢? 그는 (어디 있어요)? / 那两个人呢? 그 두 사람은 (어디 있어요)?

❷ **让你久等了。** 오래 기다리게 했네요.
오랫동안 기다린 사람에게 미안함을 표현할 때 자주 쓰는 표현이다.

❸ **没什么。** 괜찮습니다.
'没关系(괜찮다, 문제없다)'와 같은 의미이다.

❹ **真不好意思。** 정말 미안합니다.
다른 사람에게 폐를 끼쳐 미안함을 나타내는 표현이다.

❺ **你都准备寄回国去，是吗?** 모두 본국으로 부치려고 하는 거예요?
'……，是吗?' 또는 '……，是不是?'는 확실하지 않은 추측을 상대에게 물어볼 때 쓴다. 대답할 때는 추측이 맞으면 '是啊' 또는 '对'로, 그렇지 않으면 '不'를 써서 대답한다.

❻ **多谢了。** 감사합니다.
다른 사람에게 감사를 표현할 때 자주 쓰는 표현이다.

1 방향보어

동사 뒤에서 동작의 방향을 보충 설명하는 것을 '방향보어'라고 한다. 방향보어는 크게 두 가지로 나뉜다. 하나는 동사 뒤에 '来' 또는 '去'를 붙이는 '단순방향보어'이다. 다른 하나는 동사 '上' '下' '进' '出' '回' '过' '起' '开' 등의 뒤에 '来' 또는 '去'가 붙어서 다른 동사의 보어가 되는 '복합방향보어'이다. 이때 동작이 말하는 사람(또는 말하는 사물)을 향해 진행되면 '来'를 쓰고, 동작이 반대 방향으로 진행되면 '去'를 쓴다.

복합방향보어							
上来	下来	进来	出来	回来	过来	起来	开来
上去	下去	进去	出去	回去	过去	/	开去

莉莉出**去**了，可能一会儿就回**来**。 (말하는 사람이 기숙사 안에 있음)
Lìli chūqù le, kěnéng yíhuìr jiù huílái.
릴리는 외출했는데, 아마 곧 돌아올 거야.

我现在得上楼**去**。 (말하는 사람이 아래층에 있음)
Wǒ xiànzài děi shàng lóu qù.
나는 지금 위층에 올라가야 해.

我看见西蒙从外边走**进来**了。 (말하는 사람이 안에 있음)
Wǒ kànjiàn Xīméng cóng wàibian zǒu jìnlai le.
나는 사이먼이 밖에서 들어오는 것을 보았다.

방향보어를 가진 동사 뒤에 목적어가 올 경우, 어순은 다음과 같다.

(1) 목적어가 일반 사물일 경우, 목적어는 '来/去'의 앞에 올 수도 있고, '来/去'의 뒤에 올 수도 있다.

你看，我又买**回来**一些书和光盘。
Nǐ kàn, wǒ yòu mǎi huílai yìxiē shū hé guāngpán.

你看，我又买**回**一些书和光盘**来**。
Nǐ kàn, wǒ yòu mǎi huí yìxiē shū hé guāngpán lái.
봐, 내가 책이랑 CD를 또 사 왔어.

小雨从书包里拿**出来**一张光盘。
Xiǎoyǔ cóng shūbāo li ná chūlai yì zhāng guāngpán.

小雨从书包里拿**出**一张光盘**来**。
Xiǎoyǔ cóng shūbāo li ná chū yì zhāng guāngpán lái.
샤오위는 책가방에서 CD 한 장을 꺼냈다.

(2) 목적어가 장소명사일 경우, 목적어는 반드시 '来/去'의 앞에 온다.

外边冷，快进屋来吧。 밖은 추우니까 빨리 집안으로 들어오세요.
Wàibian lěng, kuài jìn wū lái ba.

这些东西我打算明天就寄回国去。 이 물건들을 나는 내일 본국으로 부치려고 해.
Zhèxiē dōngxi wǒ dǎsuàn míngtiān jiù jì huí guó qù.

문제로 확인

- '来'나 '去'를 넣어 빈칸을 채워 보세요.

   ① 照相机你带_____了吧？我们在这儿照张相，好吗？

   ② 妈妈给我寄_____一盒巧克力。

   ③ 经理在楼下问服务员："303房间要的报纸，你送_____了吗？"

   ④ A 你去哪儿了？
      B 我去图书馆了。你看，这是我借_____的小说和杂志。

   ⑤ 这些书你要拿到哪儿_____？

: 그림을 보고 보기에서 알맞은 단어를 골라 문장을 완성해 보세요.

보기							
上来	下来	进来	出来	回来	过来	起来	开来
上去	下去	进去	出去	回去	过去		开去

快_____!

山上的风景真美，你们快

_____吧！

妈妈，您看，爸爸_____。

时间不早了，我该_____。

❋ 그림을 보고 동사와 복합방향보어를 사용하여 문장을 완성해 보세요.

走

好孩子，_____。

站

老师进来了，学生们_____。

拿

我帮您_____。

开

汽车从他旁边_____。

:: 주어진 단어를 조합하여 완전한 문장으로 만들어 보세요.

① 小雨　　家　　回　　了　　去

→ _____

② 他　　进　　跑　　教室　　来

→ _____

③ 他们　　山　　走　　下　　去

→ _____

2 겸어문

겸어문이란 술어가 두 개의 동사(구)로 이루어진 문장으로, 이때 앞에 위치한 동사의 목적어가 뒤에 위치한 동사의 주어가 된다. 겸어문에서 앞에 쓰이는 동사는 주로 '叫' '让' '请' 등 '~하게 하다'라는 사역의 의미를 갖는 동사이다.

> 주어1 + 동사1 + 목적어1(주어2) + 동사2 + (목적어2)
> 　　　　　　　　　　겸어

我们请老师教我们唱中国歌。 우리는 선생님께 중국 노래를 가르쳐 달라고 했다.
Wǒmen qǐng lǎoshī jiāo wǒmen chàng Zhōngguó gē.

莉莉叫我给她买些橘子。 릴리는 나에게 귤을 좀 사다 달라고 했다.
Lìli jiào wǒ gěi tā mǎi xiē júzi.

老师让我们预习一下儿明天的生词。 선생님은 우리에게 내일 배울 새 단어를 예습하라고 하셨다.
Lǎoshī ràng wǒmen yùxí yíxiàr míngtiān de shēngcí.

'叫' '让' '请'은 모두 다른 사람에게 어떤 일을 하도록 요구하는 뜻을 가지고 있다. 그중 '请'은 비교적 예의를 차리는 상황에서 쓴다. '请'은 또한 '邀请(yāoqǐng, 초대하다)'의 의미도 가지고 있다.

我请你吃韩国菜。 제가 한국 음식을 대접할게요.
Wǒ qǐng nǐ chī Hánguó cài.

문제로 확인

● 그림을 보고 질문에 답해 보세요.

❶

照相

问 英男请这位先生做什么?

答 _____。

❷

开门

问 莉莉请这位小姐做什么?

答 _____。

❸

打扫

问 妈妈让小雨做什么?

答 _____。

❹

逛

问 直美的朋友叫直美做什么?

答 _____。

❸ 要是……就……

'要是'는 '만일 ~이라면' '만약 ~하면'이라는 뜻으로, 가정을 나타낸다. 뒤 절에는 자주 부사 '就'를 써서 앞 절을 이어받아 결론을 이끌어 낸다.

要是丹尼尔来了，你就让他等我一下儿。
Yàoshi Dānní'ěr lái le, nǐ jiù ràng tā děng wǒ yíxiàr.
다니엘이 오면 그에게 잠깐만 기다리라고 해.

要是你身体不舒服，就在宿舍好好儿休息吧。
Yàoshi nǐ shēntǐ bù shūfu, jiù zài sùshè hǎohāor xiūxi ba.
몸이 안 좋으면 기숙사에서 푹 쉬어요.

要是明天天气好，我们**就**骑自行车去颐和园。
Yàoshi míngtiān tiānqì hǎo, wǒmen jiù qí zìxíngchē qù Yíhéyuán.
내일 날씨가 좋으면 우리는 자전거를 타고 이허위안에 갈 거야.

문제로 확인

- '**要是**……**就**……' 형식을 사용하여 다음 문장을 완성해 보세요.

　① 要是明天下大雨，_____。

　② 要是你骑车的技术不太高，_____。

　③ 我要是有很多钱，_____。

　④ _____，你就多吃点儿。

　⑤ _____，你就早点儿回去吧。

1 밑줄 친 부분에 다른 내용을 넣어 교체 연습을 해 보세요.

① A 你正在<u>学习</u>吧？不妨碍你吗？
　B 没关系，快<u>进屋</u>来吧。
　A 那打扰你了。

② A 真抱歉，<u>让你久等了</u>。
　B 没什么。

③ A 这是你叫我帮你<u>买的书</u>。
　B 还麻烦你给我送来，真不好意思。
　A 你太客气了。

④ A 挺<u>重</u>的吧？要我帮忙吗？
　B 不用了。

⑤ A 对不起，打扰你们一下儿。
　B 别客气，你说吧。
　A 我现在得<u>上楼</u>去，要是<u>丹尼尔</u>来了，你就让<u>他等我一下儿</u>。
　B 没问题。

⑥ <u>告诉他我马上就下来</u>。多谢了。

2 보기에서 알맞은 단어를 골라 문장을 완성해 보세요.

| 妨碍 | 打扰 | 抱歉 | 没什么 | 麻烦 |
| 不好意思 | 客气 | 帮忙 | 没问题 | 多谢了 |

① 真＿＿＿＿＿＿，我又来晚了。

② ＿＿＿＿＿＿你帮我买一瓶矿泉水，好吗？

③ 我开着电视，＿＿＿＿＿＿你学习吗？

❹ 你拿的东西太多了，要我＿＿＿＿＿＿＿吗？

❺ A 你能帮我修一下儿自行车吗？

　B ＿＿＿＿＿＿＿。

❻ A 雨下得这么大，你还来接我，真＿＿＿＿＿＿＿。

　B 你太＿＿＿＿＿＿＿了。

❼ 对不起，＿＿＿＿＿＿＿你一下儿，这个字怎么念？

❽ A 点了这么多菜，能吃完吗？

　B ＿＿＿＿＿＿＿。

❾ A 这次你帮了我一个大忙，＿＿＿＿＿＿＿！

　B ＿＿＿＿＿＿＿。

3 지문을 읽고 주어진 내용에 근거하여 대화를 만들어 보세요.

> 　　A的朋友B就要回国了，A帮B买了一些北京**特产**。A去B的宿舍的时候，B去商店了。B的同屋C正在宿舍一边看书一边等朋友。
>
> 　　B从商店买回来很多东西。这些东西她准备寄回去一部分，自己带回去一部分。

特产 tèchǎn 명 특산물

상황 A가 B의 기숙사에 찾아갔다.
역할 A, B, C

4 다음 그림의 상황을 연결하여 이야기를 만들어 보세요.

观众朋友们，A队跟B队的足球比赛马上就要开始了，……

运动员 yùndòngyuán 명 운동선수 | **体育场** tǐyùchǎng 명 운동장, 스타디움 | **观众** guānzhòng 명 관중 | **胜利** shènglì 명 승리 동 승리하다

5 녹음을 듣고 질문에 알맞은 답을 고르세요. 🎧 04-05

① 王先生生气地对爱人说什么?
A 你别带走你的东西，快回来
B 我要带走我的东西，不回来了
C 你带走你的东西，别回来了

② 王先生的爱人听了王先生的话以后怎么样?
A 哭着跑进房间去了
B 哭着跑到外边去了
C 哭着走进房间去了

③ 过了一会儿，王先生的爱人从房间里拿出来什么?
A 一个小袋子
B 一个大箱子
C 一个大袋子

④ 王先生的爱人让王先生做什么?
A 拿出去这个袋子
B 放进去他的东西
C 进袋子里去

吵架 chǎojià 동 말다툼하다 | 袋子 dàizi 명 자루, 봉투 | 箱子 xiāngzi 명 상자, 트렁크

6 5번의 녹음 내용을 다시 중국어로 말해 보세요.

그는 아마 갈 수 없을 거예요.
他恐怕去不了了。
Tā kǒngpà qùbuliǎo le.

05

- **학습 목표**
  가능보어 용법을 익혀 활용할 수 있다.

- **어법 포인트**
  가능보어 | 가능보어 了(liǎo) | 怎么(能)……呢

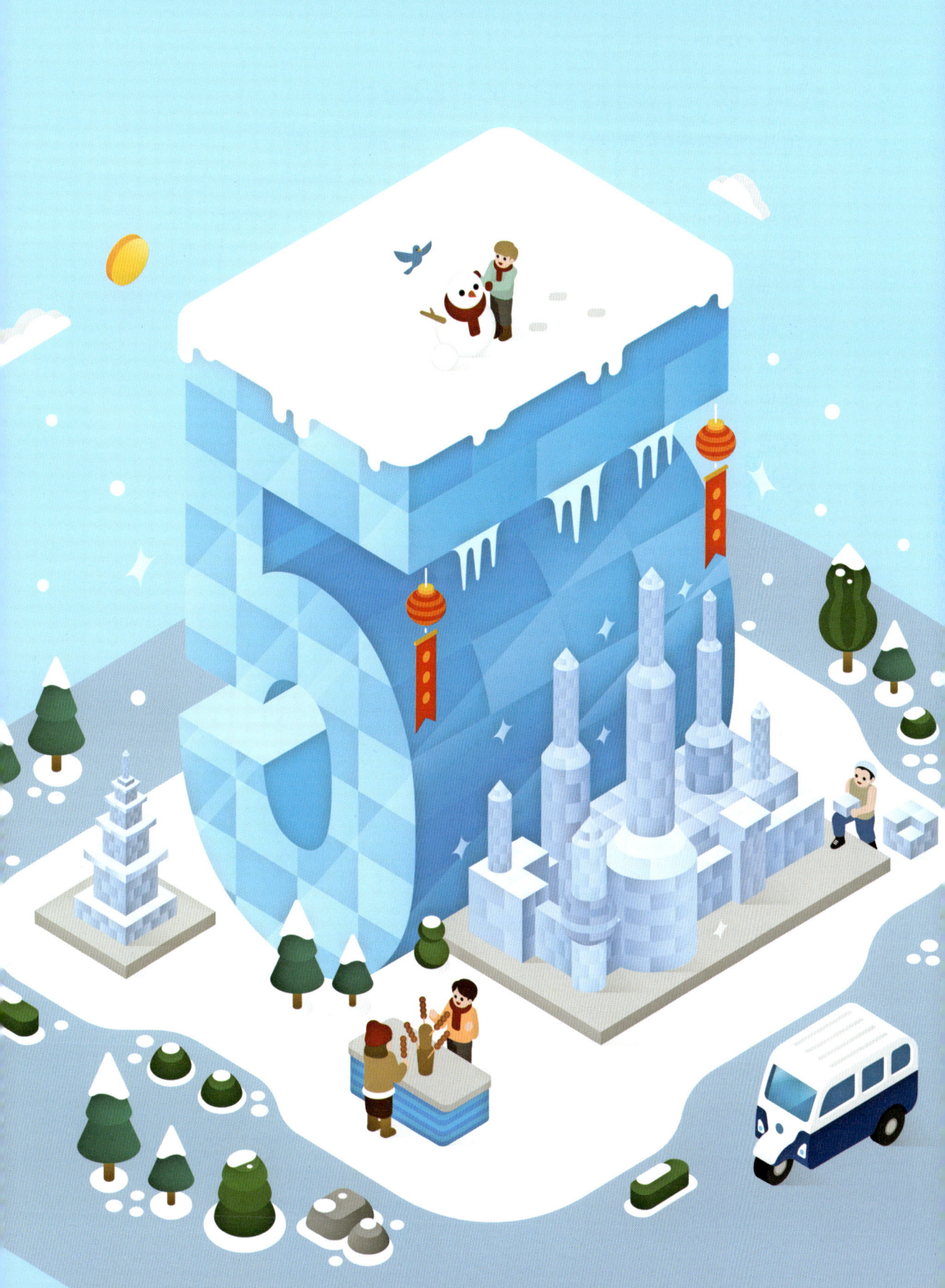

단어 익히기

🎧 05-01

🔊 회화 단어

空儿 kòngr 몡 시간, 짬, 여유

……的话 ……dehuà 조 ~하다면, ~이면

对话 duìhuà 몡 대화 통 대화하다

中文 Zhōngwén 몡 중국어, 중문(중국의 언어 문자)

字幕 zìmù 몡 (영화·텔레비전의) 자막

大概 dàgài 몡 대략의, 대강의

意思 yìsi 몡 뜻, 의미

肯定 kěndìng 분 확실히, 틀림없이

恐怕 kǒngpà 분 (나쁜 결과를 예상해서) 아마 ~일 것이다

为什么 wèi shénme 왜, 어째서

受伤 shòushāng 통 상처를 입다, 부상을 당하다

俩 liǎ 수량 두 개, 두 사람

座位 zuòwèi 몡 자리, 좌석

邀请 yāoqǐng 통 초청하다, 초대하다

郊游 jiāoyóu 통 교외로 소풍 가다

约 yuē 통 약속하다

长途 chángtú 몡 장거리의, 먼 거리의

赶 gǎn 통 (열차·버스의 출발 시간에) 대다

约会 yuēhuì 몡 약속, 데이트(date)

放心 fàngxīn 통 마음을 놓다, 안심하다

耽误 dānwu 통 (시간을 끌거나 시기를 놓쳐) 일을 그르치다, 지체하다

✏️ 어법 단어

脏 zāng 몡 더럽다

烫 tàng 몡 뜨겁다

忘 wàng 통 잊다, 망각하다

伞 sǎn 몡 우산

上闹钟 shàng nàozhōng (알람을) 맞추다

❶ 아마 알아들을 수 없을 거예요. 🎧 05-02

샤오위 今晚你和保罗有空儿的话，我想请你们去看电影。
Jīn wǎn nǐ hé Bǎoluó yǒu kòngr dehuà, wǒ xiǎng qǐng nǐmen qù kàn diànyǐng.

영남 我不太想去，电影里的对话太快了，我可能听不懂。
Wǒ bú tài xiǎng qù, diànyǐng li de duìhuà tài kuài le, wǒ kěnéng tīngbudǒng.

샤오위 有中文字幕，大概的意思你肯定看得懂。保罗去得了去不了？
Yǒu Zhōngwén zìmù, dàgài de yìsi nǐ kěndìng kàndedǒng. Bǎoluó qùdeliǎo qùbuliǎo?

영남 他恐怕去不了。
Tā kǒngpà qùbuliǎo.

샤오위 为什么?
Wèi shénme?

영남 昨天他踢球的时候受伤了，现在走不了路了。
Zuótiān tā tī qiú de shíhou shòushāng le, xiànzài zǒubuliǎo lù le.

2 잘 보여요. 🎧 05-03

(영화관에서)

샤오위 咱们坐这儿吧。
Zánmen zuò zhèr ba.

영남 太远了，恐怕看不清楚字幕。
Tài yuǎn le, kǒngpà kàn bu qīngchu zìmù.

샤오위 那就坐前边吧。
Nà jiù zuò qiánbian ba.

영남 坐这儿不错，看得清楚，也听得清楚。
Zuò zhèr búcuò, kàn de qīngchu, yě tīng de qīngchu.

샤오위 可是我前边这个人太高了，我看不见。
Kěshì wǒ qiánbian zhège rén tài gāo le, wǒ kànbujiàn.

영남 咱俩换一下儿座位吧。
Zán liǎ huàn yíxiàr zuòwèi ba.

❸ 갈 수 있어요? 🎧 05-04

다니엘 直美她们邀请咱们明天一起去郊游，你去得了吗？
Zhíměi tāmen yāoqǐng zánmen míngtiān yìqǐ qù jiāoyóu, nǐ qùdeliǎo ma?

영남 没问题，我早就想出去玩儿玩儿了。
Méi wèntí, wǒ zǎo jiù xiǎng chūqù wánrwánr le.

다니엘 我们约好早上六点半出发。
Wǒmen yuēhǎo zǎoshang liù diǎn bàn chūfā.

영남 这么早，怎么起得来呢？
Zhème zǎo, zěnme qǐdelái ne?

다니엘 咱们得坐长途汽车，去晚了的话就赶不上了。
Zánmen děi zuò chángtú qìchē, qùwǎn le dehuà jiù gǎnbushàng le.

영남 那好吧。对了❶，晚上七点我还有个约会，
Nà hǎo ba. Duì le, wǎnshang qī diǎn wǒ hái yǒu ge yuēhuì,

七点以前回得来回不来？
qī diǎn yǐqián huídelái huíbulái?

다니엘 放心吧，耽误不了你的约会。
Fàngxīn ba, dānwu buliǎo nǐ de yuēhuì.

신공략 포인트

❶ **对了……** 아, 맞다!
대화 중에 갑자기 다른 화제가 생각났거나, 앞에서 말한 내용에 보충하고 싶을 때, '对了……'라는 표현을 쓴다.

1 가능보어

가능보어란 동작의 진행이나 실현 가능 여부를 나타내는 보어로, 동사와 결과보어 또는 동사와 방향보어 사이에 구조조사 '得'를 넣어 만든다. 가능보어의 '得'를 '不'로 바꾸면 부정형식이 된다.

> 동사(술어) + 得/不 + 결과보어/방향보어

坐这儿不错，看得清楚，也听得清楚。
Zuò zhèr búcuò, kàn de qīngchu, yě tīng de qīngchu.
여기 앉는 게 좋겠다. 잘 보이고, 잘 들리고.

电影里的对话太快了，我可能听不懂。
Diànyǐng li de duìhuà tài kuài le, wǒ kěnéng tīngbudǒng.
영화 속 대화가 너무 빨라서 나는 아마 알아들을 수 없을 거야.

六点钟太早了，我起不来。
Liù diǎn zhōng tài zǎo le, wǒ qǐbulái.
6시는 너무 일러서 일어날 수 없어.

의문문은 문장 끝에 '吗'를 쓰면 되고, 정반의문문은 가능보어의 긍정형과 부정형을 나열하면 된다.

下午四点我还有个约会，我们四点以前回得来回不来？
Xiàwǔ sì diǎn wǒ hái yǒu ge yuēhuì, wǒmen sì diǎn yǐqián huídelái huíbulái?
오후 4시에 또 약속이 있는데, 우리 4시 전에 돌아올 수 있을까?

동사가 목적어를 가질 경우, 목적어는 가능보어의 뒤에 온다. 목적어가 긴 경우에는 보통 문장의 맨 앞에 놓는다.

我看不懂这本书。
Wǒ kànbudǒng zhè běn shū.
나는 이 책을 보고 이해할 수 없다.

有中文字幕，大概的意思你肯定看得懂。
Yǒu Zhōngwén zìmù, dàgài de yìsi nǐ kěndìng kàndedǒng.
중국어 자막이 있어서, 대략적인 뜻은 분명 이해할 수 있을 거야.

你要的那本书现在买不到。
Nǐ yào de nà běn shū xiànzài mǎibudào.
네가 필요로 하는 그 책은 지금은 살 수 없어.

문제로 확인

- 그림을 보고 가능보어를 사용하여 문장을 완성해 보세요.

① 门太小了，_____。（开）

② 老师讲得很清楚，_____。（听）

③ 他的电话号码太长了，_____。（记）

④ 作业太多了，_____。（做）

⑤ 这件衣服太脏了，_____。（洗）

2 가능보어 '了(liǎo)'

동사 '了(liǎo)'는 주로 가능보어로 쓰여, 행위 실현의 가능성을 나타낸다.

> 동사(술어) + 得/不 + 了

保罗去得了去不了？
Bǎoluó qùdeliǎo qùbuliǎo?
폴은 갈 수 있어?

昨天他踢球的时候受伤了，现在走不了路了。
Zuótiān tā tī qiú de shíhou shòushāng le, xiànzài zǒubuliǎo lù le.
어제 그는 축구를 하다가 다쳐서 지금 걸을 수가 없어.

放心吧，耽误不了你的约会。
Fàngxīn ba, dānwu buliǎo nǐ de yuēhuì.
걱정하지 마, 네 약속에 지장을 주진 않을 거야.

'了'는 때로 '完(완결하다, 끝나다)'의 의미를 나타내기도 한다.

这么多酒，你一个人喝得了吗？
Zhème duō jiǔ, nǐ yí ge rén hēdeliǎo ma?
이렇게 많은 술을 너 혼자서 다 마실 수 있겠어?

今天的考试你们用不了两个小时就能做完。
Jīntiān de kǎoshì nǐmen yòngbuliǎo liǎng ge xiǎoshí jiù néng zuòwán.
오늘 시험은 두 시간도 안 돼서 다 풀 수 있을 거야.

문제로 확인

• 그림을 보고, '……得了' 나 '……不了' 형식을 사용하여 문장을 완성해 보세요.

❶

这件衣服太瘦了, _____
_____ 。

❷

咖啡太烫了, _____
_____ 。

❸

她带的钱太少了，_____
_____。

❹

A 你别忘了我们啊！
B 放心吧，_____。

❺

A 今天会不会下雨？
要不要带伞？
B 天气这么好，_____
_____。

❻

A 明天早上六点出发，
你别起晚了。
B 我上了闹钟，_____
_____。

❼

咱们点的菜太多了，
_____。

❽

嗬！这么多酒，_____
_____？

③ 怎么(能)……呢

'怎么(能)……呢'는 '어떻게 ~할 수 있겠는가'라는 의미로, 반문의 어기를 나타낸다.

这么早，我**怎么**起得来**呢**？
Zhème zǎo, wǒ zěnme qǐdelái ne?
그렇게 일찍 내가 어떻게 일어나니?

你是学生，**怎么能**不做作业**呢**？
Nǐ shì xuéshēng, zěnme néng bú zuò zuòyè ne?
너는 학생이면서 어떻게 숙제를 안 할 수가 있어?

문제로 확인

- '怎么(能)……呢' 형식을 사용하여 밑줄 친 부분을 반어문으로 고쳐 써 보세요.

❶ A 我早上常常起不来。
　 B 你每天睡得太晚，<u>早上当然起不来</u>。
　 → _____?

❷ A 你试试这条裤子。
　 B 这么瘦，<u>我肯定穿不了</u>。
　 → _____?

❸ A 他说什么？我听不懂。
　 B 他说的是上海话，<u>你当然听不懂</u>。
　 → _____?

❹ A 你知道他的手机号吗？
　 B 他没告诉过我，<u>我不知道</u>。
　 → _____?

❺ A 你想不想家?

B 那还用说,当然想。

→ _____?

 읽고, 듣고, 쓰고, 반복해서 외우세요.

1. 주어진 화제로 대화를 나누어 보세요.

   ❶ 要是……的话，我想请你们……

   ❷ ……邀请我们……，……

2. 다음 그림의 상황을 연결하여 이야기를 만들어 보세요.

❶ ……受伤……

❷ ……走不了……

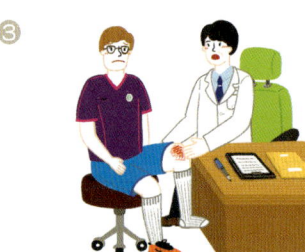

❸ ……听得懂……

❹ ……好得了……

……参加不了……

明天下午，留学生队跟中国学生队有一场足球赛。保罗和同学们练习的时候，……

练习 liànxí 동 연습하다 | 扶 fú 동 부축하다

3 녹음을 듣고 질문에 답해 보세요. 🎧 05-05

● 질문 病人为什么觉得那个大夫不是真的大夫？

病人 bìngrén 명 환자 | 看病 kànbìng 동 진찰을 받다 | 大夫 dàifu 명 의사 | 药方 yàofāng 명 처방전

복습 1
01~05

● 1~5과에서 배웠던 주요 단어, 표현, 어법 내용을 복습해 보세요.

주요 단어

01
- 真 zhēn 정말(로), 참으로
- 次 cì 번, 횟수
- 些 xiē 약간, 조금
- 有名 yǒumíng 유명하다
- 差不多 chàbuduō 대강, 대체로, 거의
- 简单 jiǎndān 간단하다, 평범하다
- 从来 cónglái 지금까지, 여태껏
- 假 jiǎ 거짓의, 가짜의

02
- 开 kāi 열다, 켜다
- 着 zhe ~하고 있다, ~한 채로 있다
- 放 fàng 놓다, 두다
- 躺 tǎng 눕다, 드러눕다
- 各 gè 각, 여러, 갖가지
- 站 zhàn 서다, 일어서다
- 生气 shēngqì 화내다, 성내다
- 认真 rènzhēn 성실하다, 진지하다, 착실하다

03
- 错 cuò 틀리다, 맞지 않다
- 对 duì 맞다, 옳다
- 一直 yìzhí 계속해서, 줄곧, 내내
- 完 wán 끝나다, 마치다, 완결되다
- 麻烦 máfan 귀찮게 하다, 번거롭게 하다, 귀찮다, 성가시다
- 转告 zhuǎngào (말을) 전달하다
- 清楚 qīngchu 분명하다, 명확하다
- 发 fā 보내다, 부치다, 발송하다

04
- 妨碍 fáng'ài 방해하다, 지장을 주다
- 打扰 dǎrǎo 방해하다, 귀찮게 하다, 폐를 끼치다
- 抱歉 bàoqiàn 미안해하다, 미안하게 생각하다, 미안합니다
- 让 ràng ~하게 하다, ~하도록 시키다
- 叫 jiào ~하게 하다, ~하도록 하다
- 不好意思 bù hǎoyìsi 부끄럽다, 쑥스럽다, 죄송하다, 미안하다
- 要是 yàoshi 만일 ~이라면, 만약 ~하면
- 马上 mǎshàng 곧, 즉시

05
- 空儿 kòngr 시간, 짬, 여유
- 对话 duìhuà 대화, 대화하다
- 大概 dàgài 대략의, 대강의
- 肯定 kěndìng 확실히, 틀림없이
- 恐怕 kǒngpà 아마 ~일 것이다
- 为什么 wèi shénme 왜, 어째서
- 放心 fàngxīn 마음을 놓다, 안심하다
- 耽误 dānwu 일을 그르치다, 지체하다

핵심 표현

01
- 당신은 샹산에 가 본 적 있어요?
  你去过香山吗?
  Nǐ qùguo Xiāngshān ma?

- 나는 택시를 타고 간 게 아니라, 자전거를 타고 갔어요.
  我不是坐出租车去的，我是骑车去的。
  Wǒ bú shì zuò chūzūchē qù de, wǒ shì qí chē qù de.

- 오리구이 말고 또 어떤 맛있는 음식을 먹어 봤어요?
  除了烤鸭以外，你还吃过哪些好吃的东西?
  Chúle kǎoyā yǐwài, nǐ hái chīguo nǎxiē hǎochī de dōngxi?

02
- 폴은 의자에 앉아 있고, 영남이는 침대에 누워 있습니다.
  保罗在椅子上坐着，英男在床上躺着。
  Bǎoluó zài yǐzi shang zuòzhe, Yīngnán zài chuáng shang tǎngzhe.

- 그들은 지금 긴장한 채 텔레비전 속 축구 경기를 보고 있습니다.
  他们正在紧张地看着电视里的足球赛。
  Tāmen zhèngzài jǐnzhāng de kànzhe diànshì li de zúqiúsài.

- 상품 진열대에는 각종 먹거리와 용품들이 가지런하게 놓여 있습니다.
  货架上整整齐齐地摆着各种吃的和用的东西。
  Huòjià shang zhěngzhengqíqí de bǎizhe gè zhǒng chī de hé yòng de dōngxi.

03
- 저녁 먹고 바로 갈게요.
  我一吃完晚饭就去。
  Wǒ yì chīwán wǎnfàn jiù qù.

- 죄송하지만 그에게 말씀 좀 전해 주시겠어요?
  麻烦您转告他一件事，行吗?
  Máfan nín zhuǎngào tā yí jiàn shì, xíng ma?

- 다퉁으로 가는 기차표를 샀습니다.
  去大同的火车票买到了。
  Qù Dàtóng de huǒchēpiào mǎidào le.

04
- 괜찮습니다. 어서 들어오세요.

  没关系，快进屋来吧。
  Méi guānxi, kuài jìn wū lái ba.

- 이건 당신이 나에게 사달라고 했던 책이에요.

  这是你叫我帮你买的书。
  Zhè shì nǐ jiào wǒ bāng nǐ mǎi de shū.

- 만약 다니엘이 오면 잠깐 기다리라고 해 주세요.

  要是丹尼尔来了，你就让他等我一下儿。
  Yàoshi Dānní'ěr lái le, nǐ jiù ràng tā děng wǒ yíxiàr.

05
- 영화 속 대화가 너무 빨라서 나는 아마 알아들을 수 없을 거예요.

  电影里的对话太快了，我可能听不懂。
  Diànyǐng li de duìhuà tài kuài le, wǒ kěnéng tīngbudǒng.

- 그는 아마 못 갈 거예요.

  他恐怕去不了。
  Tā kǒngpà qùbuliǎo.

- 그렇게 일찍 어떻게 일어나요?

  这么早，怎么起得来呢？
  Zhème zǎo, zěnme qǐdelái ne?

1 동태조사 '过'

동태조사 '过'는 '~한 적이 있다'라는 뜻으로, 동사 뒤에 놓여 어떤 동작이 과거에 이미 발생했었음을 나타낸다. 부정형은 '没(有)……过'이고, 정반의문문 형식은 '……过……没有'이다.

> 명사/대사(주어) + 동사(술어) + 过 + 목적어

来北京以后，我去过香山和颐和园。 베이징에 온 이후에 나는 샹산과 이허위안에 가 봤다.
Lái Běijīng yǐhòu, wǒ qùguo Xiāngshān hé Yíhéyuán.

2 동태조사 '着'

동태조사 '着'는 '~하고 있다' '~한 상태이다'의 뜻으로, 동사 뒤에 놓여 동작의 진행이나 상태의 지속을 나타낸다. 부정형은 '没(有)……着'이고, 정반의문문 형식은 '……着没有'이다.

> 명사/대사(주어) + 동사(술어) + 着 + 목적어

门开着，电视机也开着。 문이 열려 있고, 텔레비전도 켜져 있다.
Mén kāizhe, diànshìjī yě kāizhe.

동태조사 '着'는 두 동사 사이에 쓰여 연동문(連動文)을 만든다. '~하면서' '~한 채로'의 의미로, 두 동작이 동시에 또는 잇달아 이루어지거나 양자 사이에 방식·수단·목적의 관계가 있음을 나타낸다.

她们在客厅里喝着茶聊天儿呢。 그녀들은 거실에서 차를 마시며 이야기를 나누고 있다.
Tāmen zài kètīng li hēzhe chá liáotiānr ne.

3 결과보어

동사 뒤에서 동작의 결과를 보충 설명하는 보어를 '결과보어'라고 한다. 일반적으로 동사나 형용사가 결과보어로 쓰인다. 결과보어는 동사와 긴밀하게 결합하기 때문에, 결과보어와 동사 사이에 다른 문장성분이 들어갈 수 없다.

生日礼物我们已经准备好了。 생일 선물을 우리는 이미 준비해 두었다.
Shēngrì lǐwù wǒmen yǐjīng zhǔnbèi hǎo le.

明天上学前应该做完作业。 내일 학교 가기 전에 숙제를 다 해야 한다.
Míngtiān shàngxué qián yīnggāi zuòwán zuòyè.

4 방향보어

동사 뒤에서 동작의 방향을 보충 설명하는 것을 '방향보어'라고 한다. 동사 뒤에 '来/去'를 붙이는 '단순방향보어'와 동사 '上/下/进/出/回/过/起/开' 등의 뒤에 '来/去'가 와서 다른 동사의 보어가 되는 '복합방향보어'가 있다. 이때 동작이 말하는 사람을 향해 진행되면 '来'를 쓰고, 반대방향으로 진행되면 '去'를 쓴다.

她出去了。可能一会儿就回来。 그녀는 외출했어요. 아마 곧 돌아올 거예요.
Tā chūqù le. Kěnéng yíhuìr jiù huílái.

我看见西蒙从里边走出来了。 나는 사이먼이 안에서 걸어 나오는 것을 보았다.
Wǒ kànjiàn Xīméng cóng lǐbian zǒu chūlai le.

5 겸어문

겸어문이란 술어가 두 개의 동사(구)로 이루어진 문장으로, 앞에 위치한 동사의 목적어가 뒤에 위치한 동사의 주어로 사용된다. 동사1의 위치에는 주로 '叫/让/请' 등 '~하게 하다'라는 사역의 의미를 가진 동사가 온다.

> 주어1 + 동사1 + 목적어1(주어2) + 동사2 + (목적어2)
>   겸어

我妈叫我买些感冒药。 엄마는 나에게 감기약을 사오라고 하셨다.
Wǒ mā jiào wǒ mǎi xiē gǎnmào yào.

老师让我们每星期写一篇文章。 선생님은 우리에게 매주 글 한 편씩을 쓰라고 하셨다.
Lǎoshī ràng wǒmen měi xīngqī xiě yì piān wénzhāng.

6 가능보어

동사와 결과보어 또는 동사와 방향보어 사이에 구조조사 '得'를 넣어 동작의 진행이나 실현 가능 여부를 나타내는 가능보어를 만든다. 부정형은 '得'를 '不'로 바꾸면 된다. 의문문은 문장 끝에 '吗'를 쓰고, 정반의문문은 가능보어의 긍정형과 부정형을 나열한다.

> 동사(술어) + 得/不 + 결과보어/방향보어

你刚才说的，我都听得懂。 방금 당신이 한 말 나는 다 알아들을 수 있어요.
Nǐ gāngcái shuō de, wǒ dōu tīngdedǒng.

 듣기

1. 녹음을 듣고 O, ×를 표시해 보세요. 🎧 fuxi 01

   (1) 남자는 '신신' 상점 직원과 통화했다. (　　)

   (2) 남자는 아내에게 가죽 외투를 사 주고 싶어 한다. (　　)

   (3) 외투가 다 팔려서 살 수가 없다. (　　)

2. 녹음을 듣고 질문에 답해 보세요. 🎧 fuxi 02

   (1) 여자는 누구와 이야기하고 있나요?
   _____

   (2) 아이는 무슨 옷을 입고 있나요?
   _____

   (3) 엄마의 심리 상태는 어떤가요?
   _____

3. 녹음을 듣고 내용을 요약해 보세요. 🎧 fuxi 03

1   다음 지문을 읽고 질문에 답해 보세요.

> 这是小丽的家。爸爸正在沙发上坐着看电视，妈妈在书房里跟妹妹喝着茶聊天儿，小丽在自己的房间里听着音乐做作业。他们家的小狗呢？在地上趴着睡觉呢。

(1) 아버지는 무엇을 하고 계신가요?

(2) 샤오리는 무엇을 하고 있나요?

2   다음 대화문을 읽고 알맞은 내용을 골라 보세요.

> A   喂，您好！是中文系办公室吗？
> B   是的。
> A   请问，陈老师在吗？
> B   他不在。您是哪位？
> A   我是留学生安娜。麻烦您转告他一件事，行吗？
> B   没问题，你说吧。
> A   今天晚上我有急事，不能参加聚会(jùhuì, 모임)了。麻烦您转告他一下儿，好吗？
> B   好的，没问题。

(1) 안나는 천 선생님과 대화 중이다.   (   )
(2) 안나는 오늘 저녁에 급한 일이 있다.   (   )
(3) 안나는 모임에 좀 늦게 참석할 것이다.   (   )

Shuōshuo 말하기

1 자신이 가 본 여행지에 대해 소개해 보세요.

2 동태조사 '着'를 사용하여, 자신의 방 상태를 설명해 보세요.

3 짝과 함께 전화 통화하는 상황에서 약속을 잡아 보세요.

A 喂，我是_____。你明天下午有时间吗?

B 你好！有什么事?

A _____

B _____

Xiěxie 쓰기

1 보기에서 알맞은 단어를 골라 다음 문장을 완성해 보세요.

> 从来　　　　一直　　　　肯定　　　　马上

(1) 告诉他我_____就回来。

(2) 有中文字幕，大概的意思你_____看得懂。

(3) 我_____没学过汉语歌。

(4) 我去朋友那儿了，_____待到十点才回来。

2 빈칸에 들어갈 알맞은 말을 써 넣으세요.

(1) _____丹尼尔来了，你就让他等我一下儿。
만약 다니엘이 오면 그에게 잠깐 기다리라고 해 주세요.

(2) 我们已经学_____二十三课了。 우리는 벌써 23과까지 배웠다.

(3) 对不起，我_____，请再说一遍，好吗？
죄송하지만 잘 못 들었어요. 다시 한번 말씀해 주시겠어요?

3 다음 문장을 중국어로 써 보세요.

(1) 나는 중국어 외에 영어와 일어도 할 줄 압니다.　→ _____

(2) 오래 기다리게 해서 정말 미안합니다.　→ _____

(3) 죄송하지만 그에게 말씀 좀 전해 주시겠어요?　→ _____

(4) 폴은 의자에 앉아 있고, 영남이는 침대에 누워 있다.
→ _____

시안은 베이징보다 더 더워요.

西安比北京还热。

Xī'ān bǐ Běijīng hái rè.

06

- **학습 목표**
  비교문의 여러 형식을 이해하고 활용할 수 있다.

- **어법 포인트**
  比를 사용한 비교문 | 수량보어 | 跟……一样 형식의 비교문 | 有나 没有를 사용한 비교문

단어 익히기

🎧 06-01

🗨 회화 단어

结束 jiéshù 통 끝나다, 마치다
打算 dǎsuàn 통 ~하려고 하다, ~할 계획이다 명 생각, 계획
名胜 míngshèng 명 명승지, 명소
古迹 gǔjì 명 고적
比 bǐ 개 ~에 비하여, ~보다
建议 jiànyì 통 건의하다, 제안하다 명 건의, 제안
还 hái 부 더, 더욱
凉快 liángkuai 형 시원하다, 선선하다
预报 yùbào 명 예보 통 예보하다
方便 fāngbiàn 형 편리하다
最好 zuìhǎo 부 가장 바람직한 것은, 제일 좋기는
伴儿 bànr 명 동료, 벗, 짝
互相 hùxiāng 부 서로, 상호
帮助 bāngzhù 통 돕다 명 도움
壮 zhuàng 형 튼튼하다, 건장하다
一样 yíyàng 형 같다, 동일하다
希望 xīwàng 통 희망하다 명 희망
同意 tóngyì 통 동의하다, 찬성하다
办 bàn 통 하다, 처리하다
国外 guówài 명 외국, 국외
生活 shēnghuó 통 생활하다 명 생활
国内 guónèi 명 국내
方面 fāngmiàn 명 방면, 분야
确实 quèshí 부 확실히, 정말로

对 duì 개 ~에게, ~에 대하여
感兴趣 gǎn xìngqù 흥미를 느끼다, 흥미를 갖다
依我看 yī wǒ kàn 내 생각에는, 내가 보기에는
商量 shāngliang 통 상의하다, 의논하다

✏ 어법 단어

河 hé 명 강, 하천
深 shēn 형 깊다
容易 róngyì 형 쉽다, 용이하다
千 qiān 수 천, 1,000
饭店 fàndiàn 명 호텔

▶ 고유명사

西安 Xī'ān 고유 시안 [지명]

회화 배우기

❶ 시안의 명승고적이 다퉁보다 많아요. 🎧 06-02

영남 学习结束后，我打算去旅行。您说去西安好，
Xuéxí jiéshù hòu, wǒ dǎsuàn qù lǚxíng. Nín shuō qù Xī'ān hǎo,

还是去大同好？
háishi qù Dàtóng hǎo?

선생님 西安的名胜古迹比大同多，我建议你去西安看看。
Xī'ān de míngshèng gǔjì bǐ Dàtóng duō, wǒ jiànyì nǐ qù Xī'ān kànkan.

영남 我听说西安比北京还热，大同是不是比北京
Wǒ tīngshuō Xī'ān bǐ Běijīng hái rè, Dàtóng shì bu shì bǐ Běijīng

凉快一点儿？
liángkuai yìdiǎnr?

선생님 看天气预报，今年大同也不比北京凉快。
Kàn tiānqì yùbào, jīnnián Dàtóng yě bù bǐ Běijīng liángkuai.

영남 西安比大同远得多吧？
Xī'ān bǐ Dàtóng yuǎn de duō ba?

선생님 是啊。不过，去西安的车比较多，比去大同更方便。
Shì a. Búguò, qù Xī'ān de chē bǐjiào duō, bǐ qù Dàtóng gèng fāngbiàn.

영남 好，就听您的。❶
Hǎo, jiù tīng nín de.

❷ 그는 나보다 어려요. 🎧 06-03

선생님 我看❷，出去旅行你最好找个伴儿，可以互相帮助。
Wǒ kàn, chūqù lǚxíng nǐ zuìhǎo zhǎo ge bànr, kěyǐ hùxiāng bāngzhù.

영남 我也这么想。我准备跟保罗一起去。
Wǒ yě zhème xiǎng. Wǒ zhǔnbèi gēn Bǎoluó yìqǐ qù.

선생님 就是那个又高又壮的德国人吧？
Jiù shì nàge yòu gāo yòu zhuàng de Déguó rén ba?

영남 他跟我一样高，但是比我壮多了。
Tā gēn wǒ yíyàng gāo, dànshì bǐ wǒ zhuàng duō le.

선생님 他有你大吗？
Tā yǒu nǐ dà ma?

영남 他没有我大。
Tā méiyǒu wǒ dà.

③ 외국에서 생활하는 것은 국내에서만큼 편하지 않아요. 🎧 06-04

선생님 学完以后你有什么打算？
Xuéwán yǐhòu nǐ yǒu shénme dǎsuàn?

영남 我希望在中国找个工作，可是我家里人不同意，
Wǒ xīwàng zài Zhōngguó zhǎo ge gōngzuò, kěshì wǒ jiā li rén bù tóngyì,

我不知道怎么办好。
wǒ bù zhīdào zěnme bàn hǎo.

선생님 他们是不是觉得在国外生活没有在国内方便？
Tāmen shì bu shì juéde zài guówài shēnghuó méiyǒu zài guónèi fāngbiàn?

영남 是啊，有些方面确实没有国内方便，但是我对
Shì a, yǒuxiē fāngmiàn quèshí méiyǒu guónèi fāngbiàn, dànshì wǒ duì

在这儿工作很感兴趣。
zài zhèr gōngzuò hěn gǎn xìngqù.

선생님 依我看❷，你还是跟家里人再好好儿商量商量吧。
Yī wǒ kàn, nǐ háishi gēn jiā li rén zài hǎohāor shāngliang shāngliang ba.

신공략 포인트

❶ **就听您的。** 당신 말대로 할게요.
'听+대사/명사+的'는 어떤 사람의 의견을 따르겠다는 의미의 표현이다.

❷ **我看 / 依我看** 내 생각에는, 내가 보기에는
'내 생각에는' '내가 보기에는'이라는 뜻으로, 자신의 견해를 말하고자 할 때 쓴다.

1. '比'를 사용한 비교문

개사 '比(~보다)'를 써서 두 사물의 성질이나 특징을 비교하는 비교문을 만들 수 있다.

(1) 형용사 비교

> A比B + 형용사 : A는 B보다 ~하다

他二十岁，我十九岁。他比我大。
Tā èrshí suì, wǒ shíjiǔ suì. Tā bǐ wǒ dà.
그는 스무 살이고, 나는 열아홉 살이다. 그는 나보다 나이가 많다.

苹果一斤七块五，橘子一斤三块八。苹果比橘子贵。
Píngguǒ yì jīn qī kuài wǔ, júzi yì jīn sān kuài bā. Píngguǒ bǐ júzi guì.
사과는 한 근에 7.5위안이고, 귤은 한 근에 3.8위안이다. 사과가 귤보다 비싸다.

'比'를 사용한 형용사술어문에서 '很' '太' '非常' 등의 정도부사를 함께 사용할 수 없다. 예를 들어, '他比我很忙'이나 '苹果比橘子非常贵'라고 말할 수 없다. 그러나 비교의 정도를 나타내는 부사 '更' '还' 등은 사용할 수 있다. 예를 들어, '他比我更忙(그는 나보다 더 바쁘다)' '苹果比橘子还贵(사과는 귤보다 더 비싸다)'라고는 말할 수 있다.

(2) 동사 비교

> A + 동사 + 得 + 比B + 형용사
> A比B + 동사 + 得 + 형용사
> : A는 B보다 ~을 더 잘 한다

동사술어문에서 동사 뒤에 정도보어가 올 경우, 개사 '比'는 다음과 같이 쓰인다.

他汉语说得比我流利。 그는 중국어를 나보다 유창하게 한다.
Tā Hànyǔ shuō de bǐ wǒ liúlì.

丹尼尔汉字写得比保罗好。 다니엘은 폴보다 한자를 잘 쓴다.
Dānní'ěr Hànzì xiě de bǐ Bǎoluó hǎo.

'比'를 사용한 비교문의 부정형식은 '比' 앞에 '不'를 쓰면 된다.

大同不比北京凉快。 다퉁은 베이징보다 시원하지 않다.
Dàtóng bù bǐ Běijīng liángkuai.

这个房间不比那个房间大。 이 방은 저 방보다 크지 않다.
Zhège fángjiān bù bǐ nàge fángjiān dà.

> **문제로 확인**

- 그림을 보고 '比'를 사용하여 문장을 완성해 보세요.

(1) 보기

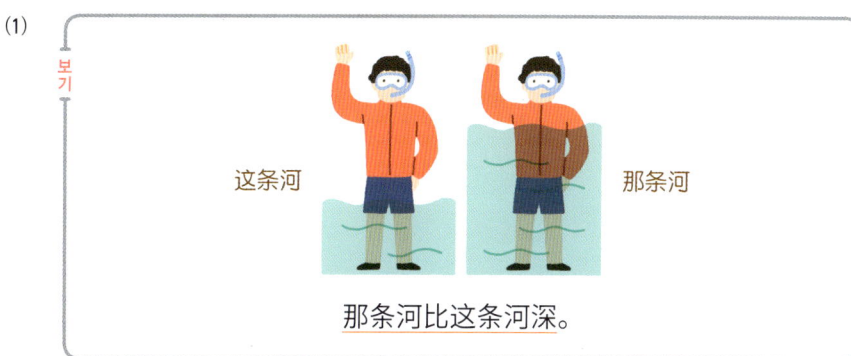

那条河比这条河深。

❶

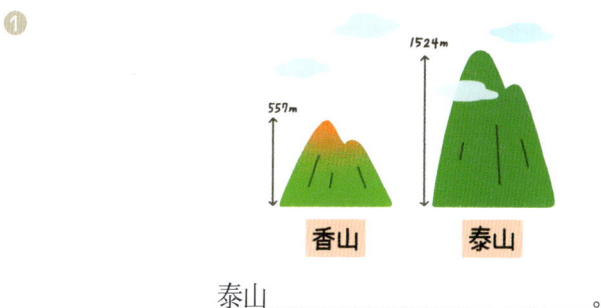

泰山_____。

❷

张三_____。

❸

哥哥的成绩_____。

❹

小雨的姐姐_____。

(2)

保罗跑得挺快，英男比保罗跑得更/还快。

❶

爸爸很忙，_____。

❷

四川菜很辣，_____。

❸ 莉莉的词典　　　　　　　直美的词典

莉莉的词典比较厚，＿＿＿＿＿＿＿＿＿＿＿＿＿＿＿＿。

: '不比'나 '没有'를 사용하여 대화를 완성해 보세요.

> 보기
> A 看上去他比你高。
> B 他不比我高。

❶ A 我觉得今天比昨天热。

　　B ＿＿＿＿＿＿＿＿＿＿＿＿＿＿＿＿＿。

❷ A 韩国语比汉语容易吧?

　　B ＿＿＿＿＿＿＿＿＿＿＿＿＿＿＿＿＿。

❸ A 她是不是比你瘦?

　　B ＿＿＿＿＿＿＿＿＿＿＿＿＿＿＿＿＿。

2 수량보어

'比'를 사용하여 비교를 나타낸 문장에서 두 사물의 구체적인 차이를 표현하고자 할 경우, 차이를 나타내는 단어 뒤에 수량을 나타내는 말을 보어로 사용할 수 있다. 또한 '一点儿' '一些' 등을 써서 차이가 작음을 나타낼 수도 있고, '得多' '多了'를 써서 차이가 큼을 설명하기도 한다.

他比我大一岁。　→　他比我大一点儿。
Tā bǐ wǒ dà yí suì.　　　Tā bǐ wǒ dà yìdiǎnr.
그는 나보다 한 살 많다.　　그는 나보다 약간 나이가 많다.

苹果比橘子贵两块。　→　苹果比橘子贵得多。
Píngguǒ bǐ júzi guì liǎng kuài.　　　Píngguǒ bǐ júzi guì de duō.
사과는 귤보다 2위안 비싸다.　　사과는 귤보다 훨씬 비싸다.

丹尼尔汉字写得比保罗好多了。　다니엘은 폴보다 한자를 훨씬 잘 쓴다.
Dānní'ěr Hànzì xiě de bǐ Bǎoluó hǎo duō le.

문제로 확인

- 보기와 같이 수량보어를 사용하여 문장을 만들어 보세요.

(1)

> 보기: 冬冬今年三岁。夏夏今年五岁。 → 冬冬比夏夏小两岁。

❶ 苹果七块五一斤。橘子一斤三块五。

→ _____。

❷ 这条路宽二十五米。那条路宽二十米。

→ _____。

❸ 他2018年大学毕业。我2017年大学毕业。

→ _____。

(2)

> 보기: 昨天三十二度。今天三十度。 → 今天比昨天凉快一点儿。

❶ 莉莉1米72。小叶1米65。

→ _____。

❷ 我的自行车是前天买的。他的自行车是上个月买的。

→ _____。

❸ 我认识八百多个汉字。我同屋认识两千多个汉字。

→ _____。

❹ 住饭店一个月六千多块。住宿舍一个月两千多块。

→ _____。

3 '跟……一样' 형식의 비교문

'跟……一样'은 두 사물을 비교한 결과가 같거나 비슷함을 나타낸다.

> A + 跟 + B + 一样 ： A는 B와 같다

他的鞋跟我的鞋一样。 그의 신발은 내 신발과 같다.
Tā de xié gēn wǒ de xié yíyàng.

비교의 결과를 구체적으로 나타내고 싶으면, 다음과 같이 말할 수 있다.

他的鞋跟我的鞋一样大。 그의 신발은 내 신발과 크기가 같다.
Tā de xié gēn wǒ de xié yíyàng dà.

他跟我一样高。 그는 나와 키가 같다.
Tā gēn wǒ yíyàng gāo.

부정형식은 '一样' 앞에 부정부사 '不'를 붙인다.

他的鞋跟我的鞋不一样大。 그의 신발은 내 신발과 크기가 같지 않다.
Tā de xié gēn wǒ de xié bù yíyàng dà.

他跟我不一样高。 그는 나와 키가 같지 않다.
Tā gēn wǒ bù yíyàng gāo.

문제로 확인

- 같은 그림을 찾아 보기와 같이 말해 보세요.

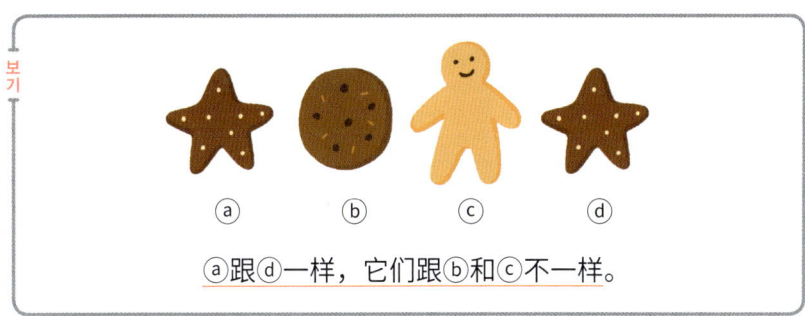

보기: ⓐ跟ⓓ一样，它们跟ⓑ和ⓒ不一样。

❶

②

ⓐ　　　ⓑ　　　ⓒ　　　ⓓ

• 두 그림의 같은 점과 다른 점을 설명해 보세요.

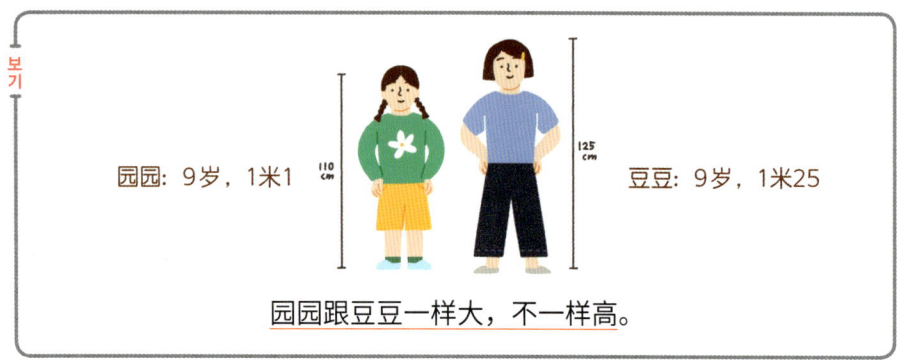

보기

园园: 9岁, 1米1　　　豆豆: 9岁, 1米25

<u>园园跟豆豆一样大，不一样高。</u>

①

A1 班：教室20m²，学生15人　　A2 班：教室25m²，学生15人

---

②

东马路：长500米，宽15米　　西马路：长500米，宽20米

④ '有'나 '没有'를 사용한 비교문

동사 '有'나 부정형 '没有'가 비교에 쓰이면, 일정한 정도에 도달하거나 또는 도달하지 못했음을 나타낸다. 의문문이나 부정문에 주로 쓰인다.

> A + 有 + B + 형용사 : A는 B만큼 ~하다
> A + 没有 + B + 형용사 : A는 B만큼 ~하지 않다

他有你大吗? 그는 당신만큼 나이가 들었나요?
Tā yǒu nǐ dà ma?

在国外生活没有在国内方便。
Zài guówài shēnghuó méiyǒu zài guónèi fāngbiàn.
외국에서 생활하는 것은 국내에서 생활하는 것만큼 편리하지 않다.

✻ '没有……'와 '不比……'는 둘 다 비교문의 부정 표현에 쓰이지만 뜻은 다르다. '他没有我大'는 '他比我小(그는 나보다 어리다)'의 뜻이고, '他不比我大(그는 나보다 나이가 많지 않다)'는 '他跟我一样大(그는 나와 동갑이다)'의 뜻도 되고, '他没有我大(그는 나보다 어리다)'의 뜻도 될 수 있다. '그는 나보다 어리다'라는 표현으로는 둘 중에 '他没有我大'가 더 많이 쓰인다.

문제로 확인

• 주어진 단어와 동사 '有'를 사용하여 묻고 답해 보세요.

> 보기
> 你们的教室　　　　　旁边的教室
>
> A　你们的教室有旁边的教室大吗?
> B1　我们的教室没有旁边的教室大。
> B2　我们的教室比旁边的教室大。
> B3　我们的教室跟旁边的教室一样大。

❶ 你的房间　　　　　你朋友的房间

　A _____?

　B _____。

❷ 你的汉语水平　　　　　你同屋的汉语水平

　A _____?

　B _____。

❸ 坐船　　　　　　　坐火车

A _____?

B _____。

❹ 食堂的饭菜　　　　饭馆的饭菜

A _____?

B _____。

1 밑줄 친 부분에 다른 내용을 넣어 교체 연습을 해 보세요.

❶ A 学习结束后，我打算去旅行。您说去西安好，还是去大同好?
　 B 我建议你去西安看看。
　 A 好，就听您的。

❷ A 我看，出去旅行你最好找个伴儿。
　 B 我也这么想。我准备跟保罗一起去。

❸ A 学完以后，你有什么打算?
　 B 我希望在中国找个工作，可是我家里人不同意，我不知道怎么办好。

❹ 依我看，你还是跟家里人再好好儿商量商量吧。

2 주어진 내용에 근거하여 대화를 만들어 보세요.

❶

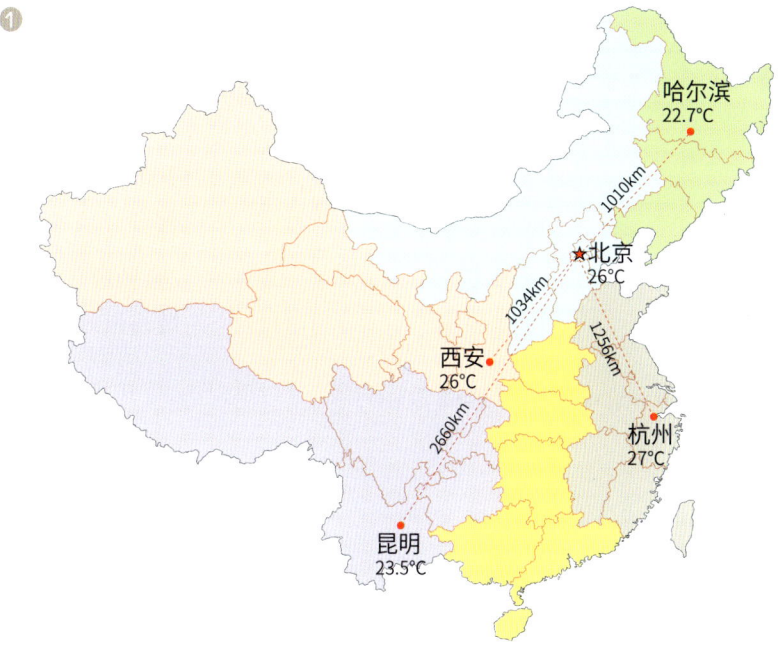

상황 당신과 친구는 7월에 여행을 떠날 계획이다. (베이징에서 출발)
화제 어디로 여행 가는 것이 좋을까?

哈尔滨 Hā'ěrbīn 고유 하얼빈 [지명] | 杭州 Hángzhōu 고유 항저우 [지명] | 昆明 Kūnmíng 고유 쿤밍 [지명]

❷

个人信息	小叶	小叶的男朋友
年龄	25岁	27岁
身高	1.65米	1.78米
职业	记者	职员
月收入	三千多元	五千多元
爱好	喜欢运动	喜欢运动
其他	会做饭 做得不太好	会做饭 做得很好

[화제] 샤오예가 엄마에게 남자친구가 생겼다고 말한다.
[역할] 샤오예와 엄마

个人信息 gèrén xìnxī 명 개인 정보 | 年龄 niánlíng 명 나이, 연령 | 身高 shēngāo 명 신장, 키 | 职业 zhíyè 명 직업 | 月收入 yuèshōurù 명 월수입 | 爱好 àihào 명 취미 | 其他 qítā 명 기타

3 주어진 문장 형식을 사용하여 다음을 소개해 보세요.

比(不比、没有)　　　比……一点儿(一些、得多、多了)　　　跟……(不)一样

❶ 介绍一位朋友。

❷ 介绍一个地方(dìfang, 장소)。

4 주어진 단어를 사용하여 다음 주제에 대해 토론해 보세요.

| (依)我看 | 生活 | 方便 | 方面 | 确实 |
| 对……感兴趣 | 商量 | 打算 | 希望 | 同意 |

주제 외국에서 일하는 것이 좋을까?

5 녹음을 듣고, 내용을 다시 중국어로 말해 보세요. 🎧 06-05

자전거를 어디에다 두었어요?

你把自行车放在哪儿了?
Nǐ bǎ zìxíngchē fàngzài nǎr le?

07

- **학습 목표**
  把자문의 용법을 익혀 활용할 수 있다.

- **어법 포인트**
  把자문(1) | 不是……吗

단어 익히기 🎧 07-01

💬 회화 단어

把 bǎ 〚개〛 [목적어를 동사 앞으로 옮길 때 씀]

钥匙 yàoshi 〚명〛 열쇠

车棚 chēpéng 〚명〛 자전거 보관소, 소형의 차고

还 huán 〚동〛 돌려주다, 반납하다

着急 zháojí 〚형〛 조급해하다, 초조해하다

方便 fāngbiàn 〚형〛 (형편에) 알맞다, 적합하다, 적당하다

办公室 bàngōngshì 〚명〛 사무실

表 biǎo 〚명〛 표

交 jiāo 〚동〛 건네다, 내다, 제출하다

篇 piān 〚양〛 편 [문장·종이 등을 세는 단위]

文章 wénzhāng 〚명〛 글, 문장

翻译 fānyì 〚동〛 번역하다, 통역하다

水平 shuǐpíng 〚명〛 수준

法语 Fǎyǔ 〚명〛 프랑스어

当成 dàngchéng 〚동〛 ~으로 여기다, ~으로 삼다, ~으로 간주하다

✏️ 어법 단어

推 tuī 〚동〛 밀다

搬 bān 〚동〛 운반하다, 옮기다

开 kāi 〚동〛 열다, 개최하다

晚会 wǎnhuì 〚명〛 이브닝 파티(evening party), 만찬회

熊猫 xióngmāo 〚명〛 판다(panda)

动物园 dòngwùyuán 〚명〛 동물원

贴 tiē 〚동〛 붙이다

信封 xìnfēng 〚명〛 편지 봉투

坏 huài 〚동〛 고장나다, 망가지다

递 dì 〚동〛 전해 주다, 건네다

它 tā 〚대〛 그, 저, 그것, 저것

人民币 rénmínbì 〚명〛 인민폐 [중국의 화폐]

1 자전거를 나에게 빌려줄 수 있어요? 🎧 07-02

다니엘 你能不能把你的自行车借给我用用?
Nǐ néng bu néng bǎ nǐ de zìxíngchē jiègěi wǒ yòngyong?

영남 没问题。给你钥匙。
Méi wèntí. Gěi nǐ yàoshi.

다니엘 你把自行车放在哪儿了?
Nǐ bǎ zìxíngchē fàngzài nǎr le?

영남 放在楼下的车棚里了。
Fàngzài lóu xià de chēpéng li le.

다니엘 我用完就马上还给你。
Wǒ yòngwán jiù mǎshàng huángěi nǐ.

영남 没关系，不用着急。
Méi guānxi, búyòng zháojí.

② 그것을 누구에게 주면 되나요? 🎧 07-03

다니엘 要是方便的话，明天你去办公室时❶，
Yàoshi fāngbiàn dehuà, míngtiān nǐ qù bàngōngshì shí,

帮我把这张表送到办公室。
bāng wǒ bǎ zhè zhāng biǎo sòngdào bàngōngshì.

영남 行。把它交给谁？
Xíng. Bǎ tā jiāogěi shéi?

다니엘 把它交给赵老师。
Bǎ tā jiāogěi Zhào lǎoshī.

영남 要是赵老师不在，怎么办？
Yàoshi Zhào lǎoshī bú zài, zěnme bàn?

다니엘 赵老师不在的话，你就把表放在她的桌子上。
Zhào lǎoshī bú zài dehuà, nǐ jiù bǎ biǎo fàngzài tā de zhuōzi shang.

영남 好，我知道了。
Hǎo, wǒ zhīdào le.

다니엘 你别忘了。
Nǐ bié wàng le.

영남 放心吧，忘不了。
Fàngxīn ba, wàngbuliǎo.

❸ 이 글을 영문으로 번역해 줄 수 있어요? 🎧 07-04

다니엘 我想请你帮个忙。
Wǒ xiǎng qǐng nǐ bāng ge máng.

샤오위 什么事？你说吧。
Shénme shì? Nǐ shuō ba.

다니엘 请你帮我把这篇文章翻译成英文，好吗？
Qǐng nǐ bāng wǒ bǎ zhè piān wénzhāng fānyì chéng Yīngwén, hǎo ma?

샤오위 我的英文水平不高，怎么翻译得了啊？
Wǒ de Yīngwén shuǐpíng bù gāo, zěnme fānyì deliǎo a?

다니엘 你不是学英语的吗？
Nǐ bú shì xué Yīngyǔ de ma?

샤오위 哪儿啊❷，我是学法语的。
Nǎr a, wǒ shì xué Fǎyǔ de.

다니엘 真的吗？我把你当成学英语的了。
Zhēn de ma? Wǒ bǎ nǐ dàngchéng xué Yīngyǔ de le.

신공략 포인트

❶ **你去办公室时**, 당신이 사무실에 갈 때,
'……时'는 '……的时候(~일 때, ~할 때)'와 의미가 같다.

❷ **哪儿啊**。아니에요.
'哪儿啊'는 상대의 말에 '부정'의 대답을 할 때 쓴다.

1 '把'자문(1)

'把'자문은 동작이 어떤 사물을 어떻게 처리했는가와 그 처리 결과를 강조하여 설명할 때 주로 쓴다. '把'자문의 어순은 다음과 같다.

> **주어 + 把 + 목적어 + 동사(술어) + 기타 성분**
> (처리되는 대상) (처리 방식/처리 결과)

'把'자문의 어법적 특징은 다음과 같다.

(1) '把'의 목적어는 말하는 사람의 마음속에 이미 확정되어 있는 것이어야 한다. 따라서 '我把一杯咖啡喝了'라고는 말할 수 없고, '我把那杯咖啡喝了'나 '我喝了一杯咖啡'라고 해야 한다.

(2) '把'자문의 주요 동사는 반드시 사물을 동작의 대상으로 하며, 처리 또는 지배의 뜻을 지니고 있는 동사여야 한다. 예를 들어 '有' '是' '在' '喜欢' '知道' 등과 같이 처리나 지배의 뜻을 가지지 않는 동사는 '把'자문에 쓸 수 없다.

(3) '把'자문의 동사 뒤에는 반드시 기타 성분이 와야 한다. 이를테면, 동태조사 '了'나 '着', 목적어, 보어(가능보어 제외), 동사의 중첩 등이 와서 동작의 영향 또는 결과를 설명한다. 예를 들어 '我把那杯咖啡喝'라고는 말할 수 없고, '我把那杯咖啡喝了'나 '我把那杯咖啡喝完了'라고 해야 한다.

주요 동사 뒤에 결과보어 '到' '在' '给' '成'이 올 경우에는 반드시 '把'자문을 사용해야 한다. 각각 다음과 같은 뜻을 나타낸다.

到 : 사람 또는 사물이 동작의 처리를 통해 어떤 곳에 도달함을 설명한다.
在 : 사람 또는 사물이 동작의 처리를 통해 어떤 지점에 처하게 됨을 설명한다.
给 : 사람 또는 사물이 동작의 처리를 통해 어떤 대상에게 넘겨짐을 설명한다.
成 : 사람 또는 사물이 동작의 처리를 통해 어떤 것으로 바뀌게 됨을 설명한다.

请帮我把这张表送到办公室。 내 대신 이 문서를 사무실로 보내 주세요.
Qǐng bāng wǒ bǎ zhè zhāng biǎo sòngdào bàngōngshì.

我把自行车放在楼下的车棚里了。 나는 자전거를 아래층 자전거 보관소에 두었다.
Wǒ bǎ zìxíngchē fàngzài lóu xià de chēpéng li le.

请把这张表交给赵老师。 이 문서를 짜오 선생님께 제출해 주세요.
Qǐng bǎ zhè zhāng biǎo jiāogěi Zhào lǎoshī.

你能帮我把这篇文章翻译成英文吗? 내 대신 이 글을 영문으로 번역해 줄 수 있어요?
Nǐ néng bāng wǒ bǎ zhè piān wénzhāng fānyì chéng Yīngwén ma?

부정부사, 조동사 또는 시간을 나타내는 부사어는 반드시 '把'의 앞에 놓아야 한다.

我还没把这张表送到办公室。 나는 이 문서를 아직 사무실로 보내지 않았다.
Wǒ hái méi bǎ zhè zhāng biǎo sòngdào bàngōngshì.

你能把这篇文章翻译成中文吗? 당신은 이 글을 중문으로 번역할 수 있습니까?
Nǐ néng bǎ zhè piān wénzhāng fānyì chéng Zhōngwén ma?

我明天就把这张表交给赵老师。 나는 내일 이 문서를 짜오 선생님께 제출할 것이다.
Wǒ míngtiān jiù bǎ zhè zhāng biǎo jiāogěi Zhào lǎoshī.

문제로 확인

- 그림을 보고 '把……동사+到……' 형식으로 문장을 완성해 보세요.

送

妈妈把孩子送到幼儿园了。

❶

推

这个孩子走不了路，

_____。

❷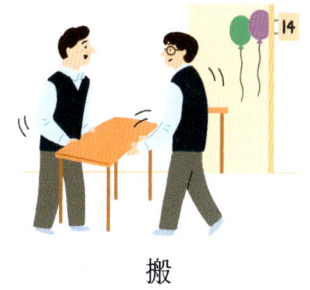

搬

学生们要开晚会，

_____。

带

孩子要看熊猫，_____

_____。（动物园）

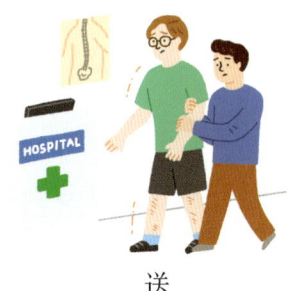

送

保罗的腿受伤了，

_____。

- 그림을 보고 '把……동사+在……' 형식으로 문장을 완성해 보세요.

보기

放

小雨把闹钟放在床旁边了。

❶

贴、信封

她_____

_____。

❷

挂

他_____

_____。

❸

摆

莉莉_____

_____。

❹

写

保罗_____

_____。

♣ 그림을 보고 '把……동사+给……' 형식으로 문장을 완성해 보세요.

보기

交

保罗，麻烦你把这封信交给英男。

❶

寄

直美打算_____

_____。

❷

借

我的照相机坏了，_____

_____？

❸

递

麻烦你_____

_____。

** 그림을 보고 '把……동사+成……' 형식으로 문장을 완성해 보세요.

翻译

你能把它翻译成中文吗?

❶ 换

他_____。(人民币)

❷ 写

这个学生_____
_____。

❸ 看

他_____
_____。

❹ 听

接电话的人_____
_____。

2 不是……吗

'不是……吗?'로 이루어진 반어문은 '긍정'을 나타내며, 강조의 의미를 가진다.

你**不是**学英语的**吗**? 请你帮我翻译翻译吧。(你是学英语的。)
Nǐ bú shì xué Yīngyǔ de ma? Qǐng nǐ bāng wǒ fānyì fānyì ba.
너 영어 전공 아니니? 나를 도와서 번역 좀 해 줘. (너는 영어 전공이다.)

你**不是**去过大同**吗**? 你给我们介绍一下儿吧。(你去过大同。)
Nǐ bú shì qùguo Dàtóng ma? Nǐ gěi wǒmen jièshào yíxiàr ba.
너 다퉁에 가 본 적 있지 않니? 우리에게 소개 좀 해 줘. (너는 다퉁에 가 본 적 있다.)

문제로 확인

- 밑줄 친 부분을 '不是……吗?' 형식으로 고쳐 써 보세요.

  ① A <u>这是西蒙的词典</u>,怎么在你这儿?
     B 他回国的时候把它送给我了。

     → _____

  ② A <u>你喜欢唱歌</u>,今天晚上怎么不跟他们去唱歌呢?
     B 今天晚上我有约会。

     → _____

  ③ A 明天上午几点出发?
     B <u>我昨天已经告诉过你了</u>,8:30。
     A 对不起,我忘了。

     → _____

  ④ A <u>你说给他打电话</u>,怎么没打?
     B 我忘了他的电话号码了。

     → _____

1 밑줄 친 부분에 다른 내용을 넣어 교체 연습을 해 보세요.

① A 你能不能把你的自行车借给我用用?
   B 没问题。

② A 我用完就马上还给你。
   B 没关系，不用着急。

③ A 要是方便的话，明天你去办公室时，帮我把这张表送到办公室。
   B 行。

④ A 我想请你帮个忙。
   B 什么事？你说吧。
   A 请你帮我把这篇文章翻译成英文，好吗？

2 주어진 화제로 대화를 나누어 보세요.

① 你能不能把……借给我……

② 要是方便的话，你……时，帮我把……送到……

❸ 请你帮我把……翻译成……，好吗?

3 다음 그림의 상황을 연결하여 이야기를 만들어 보세요.

4 녹음을 듣고 다음 질문에 답해 보세요. 🎧 07-05

❶ 这位老人为什么把牌子上的字写在纸上?

❷ 那块牌子上写的是什么?

纸 zhǐ 명 종이 | 此路不通 cǐ lù bù tōng 통행금지

중국 명승지와 명언

중국의 100년의 역사를 보려면 상하이로,
1000년의 역사를 보려면 베이징으로,
3000년의 역사를 보려면 시안으로 가라.

百年中国看上海，一千年中国看北京，
Bǎi nián Zhōngguó kàn Shànghǎi, Yìqiān nián Zhōngguó kàn Běijīng,

三千年中国看西安。
sānqiān nián Zhōngguó kàn Xī'ān.

시안 西安

어서 에어컨을 꺼요.

快把空调关上。
Kuài bǎ kōngtiáo guānshang.

08

- **학습 목표**
  把자문과 일반 서술문의 차이를 이해할 수 있다.

- **어법 포인트**
  把자문(2)

단어 익히기

🎧 08-01

🔵 회화 단어

关 guān 동 끄다, 닫다
感冒 gǎnmào 동 감기에 걸리다 명 감기
发烧 fāshāo 동 열이 나다
哟 yō 감 어머! 야! [놀람을 나타냄]
赶快 gǎnkuài 부 빨리, 얼른, 어서
陪 péi 동 모시다, 동반하다
愿意 yuànyì 조동 ~하기를 원하다 동 바라다, 희망하다
怕 pà 동 무서워하다, 두려워하다
打针 dǎzhēn 동 주사를 놓다, 주사를 맞다
头疼 tóu téng 머리가 아프다
嗓子 sǎngzi 명 목, 목구멍
疼 téng 형 아프다
咳嗽 késou 동 기침하다
量 liáng 동 (무게·길이·크기·양 등을) 재다, 측정하다
体温 tǐwēn 명 체온
体温表(体温计) tǐwēnbiǎo(tǐwēnjì) 명 체온계
度 dù 양 도 [온도의 단위]
嘴 zuǐ 명 입
张 zhāng 동 열다, 펴다
大夫 dàifu 명 의사
开药 kāi yào 약을 처방하다
按时 ànshí 부 제시간에, 정시에, 제때에
平时 píngshí 명 평소, 평상시, 보통 때
劝 quàn 동 권하다, 권고하다, 타이르다

抽 chōu 동 피우다
烟 yān 명 담배
好处 hǎochù 명 장점, 이점, 이로운 점
哎呀 āiyā 감 [원망, 불만, 아쉬움을 나타냄]
戒 jiè 동 끊다, 중단하다

🟠 어법 단어

打开 dǎkāi 동 열다, 풀다
空气 kōngqì 명 공기
手 shǒu 명 손
旧 jiù 형 옛날의, 과거의, 지난
拆 chāi 동 (붙여 놓은 것을) 뜯다, 떼어 내다

회화 배우기

① 감기 걸린 거 아니에요? 🎧 08-02

(집에서)

샤오위 怎么这么冷？快把空调关上吧。
Zěnme zhème lěng? Kuài bǎ kōngtiáo guānshang ba.

누나 你是不是感冒了？
Nǐ shì bu shì gǎnmào le?

샤오위 我可能有点儿发烧。
Wǒ kěnéng yǒudiǎnr fāshāo.

(누나가 샤오위의 이마를 만져 본다)

누나 哟，这么烫！赶快把衣服穿上，我陪你去医院。
Yō, zhème tàng! Gǎnkuài bǎ yīfu chuānshang, wǒ péi nǐ qù yīyuàn.

샤오위 我不愿意去，我最怕打针。
Wǒ bú yuànyì qù, wǒ zuì pà dǎzhēn.

누나 那怎么行呢？快走吧。
Nà zěnme xíng ne? Kuài zǒu ba.

❷ 어디가 불편하세요? 🎧 08-03

(병원에서)

의사 怎么了？哪儿不舒服？
Zěnme le? Nǎr bù shūfu?

샤오위 昨天开始头疼、嗓子疼，还有点儿咳嗽。
Zuótiān kāishǐ tóu téng、sǎngzi téng, hái yǒudiǎnr késou.

의사 先量一下儿体温，把体温表放好。
Xiān liáng yíxiàr tǐwēn, bǎ tǐwēnbiǎo fànghǎo.

(체온을 잰 후, 체온계를 의사에게 건네준다)

의사 三十八度八。请把嘴张开，我看看。
Sānshíbā dù bā. Qǐng bǎ zuǐ zhāngkāi, wǒ kànkan.

샤오위 大夫，我不想打针。
Dàifu, wǒ bù xiǎng dǎzhēn.

의사 那我给你开点儿药，要按时吃。平时要多喝点儿水。
Nà wǒ gěi nǐ kāi diǎnr yào, yào ànshí chī. Píngshí yào duō hē diǎnr shuǐ.

❸ 이미 골백번은 말했거든요. 🎧 08-04

(저녁, 누나가 담배를 피우고 있는 샤오위를 보다)

누나 我劝你少抽点儿烟，抽烟对身体没有好处。
Wǒ quàn nǐ shǎo chōu diǎnr yān, chōu yān duì shēntǐ méiyǒu hǎochù.

샤오위 哎呀，又来了❶，你已经说了八百遍了。
Āiyā, yòu lái le, nǐ yǐjīng shuō le bābǎi biàn le.

누나 要是你把烟戒了，我就不说了。今天取回来的药呢？
Yàoshi nǐ bǎ yān jiè le, wǒ jiù bù shuō le. Jīntiān qǔ huílai de yào ne?

샤오위 我已经把它吃了。
Wǒ yǐjīng bǎ tā chī le.

누나 那就把电视关上，早点儿睡觉吧。
Nà jiù bǎ diànshì guānshang, zǎo diǎnr shuìjiào ba.

신공략 포인트

❶ **又来了。** 또 시작이다!
상대가 평소 자주 하는 말과 행동을 반복하려고 할때, 거부감을 나타내는 표현이다.

1 '把'자문(2)

일부 동사술어문에서 '把'를 쓸 수도 있고 쓰지 않을 수도 있지만, 전달하는 의미는 조금 다를 수 있다. 다음의 예문으로 비교해 보자.

快关上空调。
Kuài guānshang kōngtiáo.
어서 에어컨을 꺼요.

快把空调关上。
Kuài bǎ kōngtiáo guānshang.

请张开嘴。
Qǐng zhāngkāi zuǐ.
입을 벌리세요.

请把嘴张开。
Qǐng bǎ zuǐ zhāngkāi.

'把'를 사용하지 않은 문장은 일반적인 서술문이다. 그러나 '把'를 사용한 문장은 목적어에 대한 처리의 의미를 강조하는 것으로, 어조는 더 강해진다.

문제로 확인

• 그림을 보고 '把'를 사용하여 문장을 완성해 보세요.

(1) 보기

打开

屋里空气不好，快把窗户打开。

❶

洗干净

吃饭以前，_____

_____。(手)

❷

拿进去

麻烦你_____

_____。

❸

带来

明天你来的时候，_____。

❹

关上

刮大风了，_____。

(2)

卖

她把旧报纸和杂志卖了。

❶

吃

小雨_____。

❷

拆

孩子_____。

❸

修好

他_____。

❹

擦干净

她_____。

1 밑줄 친 부분에 다른 내용을 넣어 교체 연습을 해 보세요.

① 怎么这么<u>冷</u>？快把<u>空调关上</u>吧。

② 赶快把<u>衣服</u>穿<u>上</u>。

③ 快<u>走</u>吧。

④ 要按时<u>吃药</u>。平时要多<u>喝</u>点儿<u>水</u>。

⑤ A　我劝你少<u>抽</u>点儿<u>烟</u>，<u>抽烟</u>对身体没有好处。
　　B　哎呀，又来了，你已经说了<u>八百</u>遍了。

⑥ 早点儿<u>睡觉</u>吧。

2 다음 그림의 상황을 연결하여 이야기를 만들어 보세요.

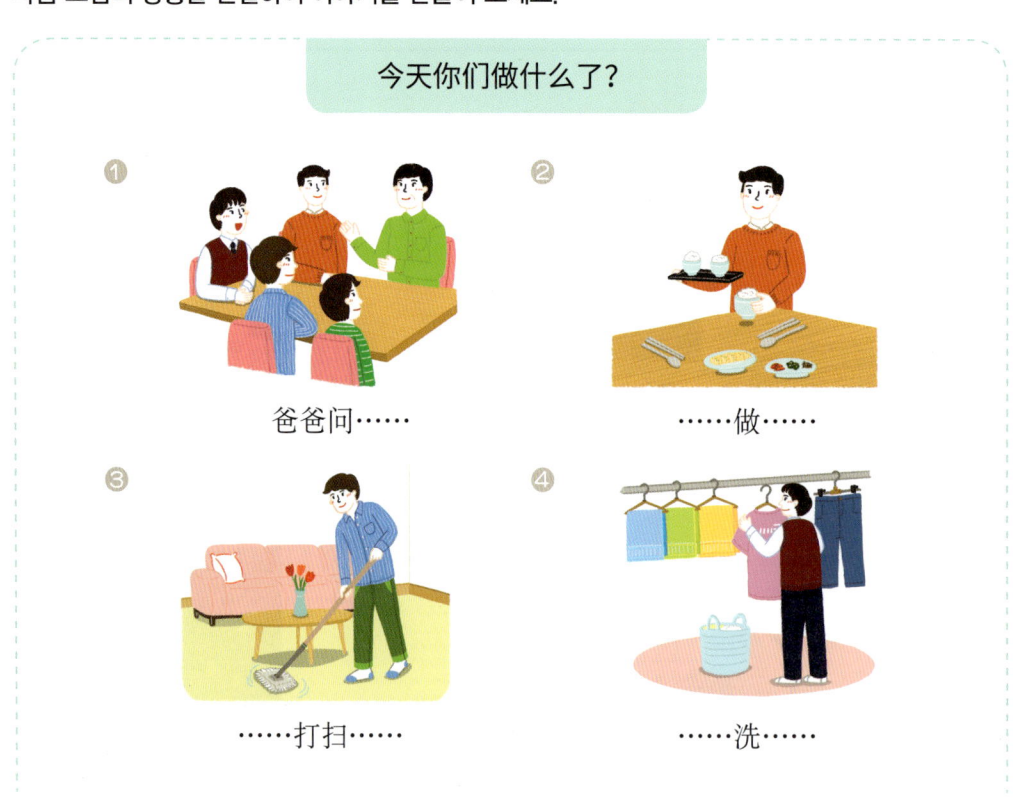

花瓶、摔

花瓶 huāpíng 몡 꽃병, 화병 | 摔 shuāi 동 떨어져 부서지다

3 주어진 내용에 근거하여 대화를 만들어 보세요.

病历

姓名：李英男　　　　性别：男　　　　年龄：24岁
症状：嗓子疼，咳嗽，打喷嚏，流鼻涕，发烧(39度)
时间：两天
诊断：流行性感冒
治疗：1. 打针：一天打两次，打三天
　　　2. 药："感冒通"一盒
　　　　　一天吃三次，一次吃一片

상황　영남이가 병이 나다
역할　1. 영남이와 폴
　　　2. 영남이와 의사

❶ 赶快把衣服穿上，我陪你去医院。

❷ 你怎么了？哪儿不舒服？

病历 bìnglì 몡 진료 기록 | 性别 xìngbié 몡 성별 | 症状 zhèngzhuàng 몡 증상 | 喷嚏 pēntì 몡 재채기 | 流 liú 동 흐르다 | 鼻涕 bítì 몡 콧물 | 诊断 zhěnduàn 동 진단하다 | 流行性 liúxíngxìng 몡 유행성의 | 治疗 zhìliáo 동 치료하다 | 感冒通 Gǎnmàotōng 고유 감기약 이름 | 片 piàn 양 알 [약을 세는 단위]

4 녹음을 듣고 질문에 답해 보세요. 08-05

❶ 那个人在家门口做什么？

❷ 他请邻居帮他做什么？

醉 zuì 동 취하다 | 晃 huàng 동 흔들리다, 요동하다

중국 명승지와 명언

산 하나에 사계절이 모두 있고,
십 리마다 날씨가 다르다.

一山有四季，十里不同天。
Yì shān yǒu sìjì, shí lǐ bù tóng tiān.

윈난성 云南省

소매치기에게 지갑을 도둑맞았어요.

钱包被小偷偷走了。
Qiánbāo bèi xiǎotōu tōuzǒu le.

- **학습 목표**
  被字文의 용법을 익혀 피동문을 만들 수 있다.

- **어법 포인트**
  피동문 | 连……也(都)……

단어 익히기

🎧 09-01

🔊 회화 단어

提 tí 통 언급하다, 말하다

被 bèi 개 ~에게 (~당하다)

三轮车 sānlúnchē 명 삼륜차

撞 zhuàng 통 부딪치다, 충돌하다

倒 dǎo 통 넘어지다

胳膊 gēbo 명 팔

腿 tuǐ 명 다리

青 qīng 형 푸르다

倒霉 dǎoméi 형 재수 없다, 운수 사납다, 운이 나쁘다

小心 xiǎoxīn 형 조심스럽다, 주의 깊다

像话 xiànghuà 형 (말이나 행동이) 이치에 맞다, 말이 되다

透 tòu 형 충분하다, 그지없다, 대단하다 [형용사와 일부 동사의 보어로 쓰여 정도나 상황이 충분한 정도에 도달했거나 상태가 지나침을 나타냄]

叫 jiào 개 ~에게 (~당하다)

小偷 xiǎotōu 명 좀도둑, 소매치기

偷 tōu 통 훔치다, 도둑질하다

丢 diū 통 잃다, 잃어버리다

气 qì 통 화내다, 화나게 하다

考 kǎo 통 시험 보다

听力 tīnglì 명 청력, 듣기 능력

复习 fùxí 통 복습하다

咳 hāi 감 아이참, 하, 허, 아이고 [상심·후회·놀람을 나타냄]

连……也…… lián……yě…… ~조차도 ~하다

让 ràng 개 ~에게 (~당하다)

摔 shuāi 통 떨어져 부서지다

录音 lùyīn 명 녹음 통 녹음하다

主意 zhǔyi 명 생각, 의견, 견해

✏️ 어법 단어

淋 lín 통 (물이나 액체에) 젖다

湿 shī 형 축축하다, 습하다

批评 pīpíng 통 비평하다, 비판하다, 질책하다

顿 dùn 양 번, 차례, 끼니 [식사·질책·권고 등을 세는 단위]

警察 jǐngchá 명 경찰

抓 zhuā 통 붙잡다, 체포하다

师傅 shīfu 명 (기능·기예를 전수하는) 스승, 사부, 전문가, 기술자

玩具 wánjù 명 장난감, 완구

1 삼륜차에 부딪혀 넘어졌어요. 09-02

릴리 你怎么了?
Nǐ zěnme le?

나오미 别提了❶, 刚才骑车出去, 被一辆三轮车撞倒了。
Bié tí le, gāngcái qí chē chūqù, bèi yí liàng sānlúnchē zhuàngdǎo le.

릴리 是吗? 受伤了没有?
Shì ma? Shòushāng le méiyǒu?

나오미 你看, 胳膊和腿都被撞青了。真倒霉!
Nǐ kàn, gēbo hé tuǐ dōu bèi zhuàngqīng le. Zhēn dǎoméi!

릴리 以后骑车的时候小心点儿。
Yǐhòu qí chē de shíhou xiǎoxīn diǎnr.

나오미 不是我不小心, 是那个骑三轮车的骑得太快了。
Bú shì wǒ bù xiǎoxīn, shì nàge qí sānlúnchē de qí de tài kuài le.

릴리 真不像话!❷
Zhēn bú xiànghuà!

❷ 오늘 정말 재수가 없네요! 🎧 09-03

나오미 我今天真是倒霉透了!
Wǒ jīntiān zhēn shì dǎoméi tòu le!

릴리 还有什么倒霉事?
Hái yǒu shénme dǎoméi shì?

나오미 上午逛商店的时候,钱包叫小偷偷走了。
Shàngwǔ guàng shāngdiàn de shíhou, qiánbāo jiào xiǎotōu tōuzǒu le.

릴리 丢了多少钱?
Diū le duōshao qián?

나오미 五百多块。真气人!❸
Wǔbǎi duō kuài. Zhēn qì rén!

❸ 좋은 생각이에요. 🎧 09-04

릴리 大后天考听力，你复习得怎么样了？
Dàhòutiān kǎo tīnglì, nǐ fùxí de zěnmeyàng le?

나오미 咳，连电脑也让我给摔坏了，现在听不了
Hāi, lián diànnǎo yě ràng wǒ gěi shuāihuài le, xiànzài tīngbuliǎo

录音了。真急人！❸
lùyīn le.　Zhēn jí rén!

릴리 你把它送到小雨那儿吧。上次我的电脑就是
Nǐ bǎ tā sòngdào Xiǎoyǔ nàr ba.　Shàng cì wǒ de diànnǎo jiù shì

让小雨给修好的。
ràng Xiǎoyǔ gěi xiūhǎo de.

나오미 好主意，我马上就去。
Hǎo zhǔyi, wǒ mǎshàng jiù qù.

신공략 포인트

❶ **别提了**。말도 마세요.
'别提了'는 유쾌하지 않은 어떤 화제에 대해 말하고 싶지 않을 때 쓰는 표현이다.

❷ **真不像话**！ 정말 말도 안 돼!
'真不像话'는 말과 행동이 이치나 도리에 맞지 않음을 비평할 때 주로 쓴다.

❸ **真气人！/ 真急人！** 정말 열 받아!
'真气人'과 '真急人'은 각각 어떤 상황에 대해 '화가 남' '조급함'을 표현하고자 할 때 쓴다.

1 피동문

주어가 동작의 대상이 되고, 개사 '被' '叫' '让' 등을 써서 동작의 주체를 이끌어 내는 문장을 피동문이라고 한다. 주어가 목적어에 의해 어떻게 되었는가를 설명하는 문장이다. 중국어 피동문은 '被' '叫' '让' 등의 개사를 사용해 만드는데, 가장 대표적인 것이 '被'라서 '被자문'이라고도 한다.

피동문의 술어동사는 일반적으로 기타 성분과 함께 쓰여 동작의 결과·정도·시간 등을 설명한다. '被'는 서면어에서, '叫'와 '让'은 구어에서 많이 쓰인다. 구어에서는 동작의 주체인 목적어 뒤에 피동을 나타내는 '给'를 더하기도 한다. 피동문의 어순은 다음과 같다.

> 주어 + 被 / 叫 / 让 + 목적어(+给) + 동사 + 기타 성분
> (동작의 대상)　　　　　(동작의 주체)　　　　(결과/정도/방향/수량보어)

刚才我被一辆三轮车撞倒了。
Gāngcái wǒ bèi yí liàng sānlúnchē zhuàngdǎo le.
방금 나는 삼륜차에 부딪혀 넘어졌다.

上午逛商店的时候，钱包叫小偷偷走了。
Shàngwǔ guàng shāngdiàn de shíhou, qiánbāo jiào xiǎotōu tōuzǒu le.
오전에 상점을 구경할 때, 소매치기에게 지갑을 도둑맞았다.

上次我的电脑就是让小雨给修好的。
Shàng cì wǒ de diànnǎo jiù shì ràng Xiǎoyǔ gěi xiūhǎo de.
지난번에 내 컴퓨터를 샤오위가 수리해 고쳤다.

만약 동사의 주체를 말할 필요가 없거나 말할 수 없을 경우, 사람을 총칭하는 '人'을 써서 대체할 수 있다.

那本书可能让人借走了。　그 책은 다른 사람이 빌려 갔을 것이다.
Nà běn shū kěnéng ràng rén jièzǒu le.

동작의 주체를 설명할 필요가 없을 경우, '被' 뒤에 오는 목적어는 생략할 수 있다. 하지만 '让'과 '叫' 뒤에는 목적어가 반드시 있어야 한다.

啤酒都被喝完了。　맥주를 다 마셨다.
Píjiǔ dōu bèi hēwán le.

부정부사와 조동사는 모두 '被' '叫' '让'의 앞에 놓여야 한다.

我的自行车没让人借走。　내 자전거는 다른 사람이 빌려 가지 않았다.
Wǒ de zìxíngchē méi ràng rén jièzǒu.

문제로 확인

- 다음 문장을 피동문으로 고쳐 써 보세요.

   ① 风刮走了他的帽子。
   → _____

   ② 雨淋湿了她的头发和衣服。
   → _____

   ③ 孩子摔坏了妈妈的眼镜。
   → _____

   ④ 小明又没做作业,老师批评了他一顿。
   → _____

- '被' '叫' '让'을 사용하여 빈칸을 채워 보세요.

   ① 受伤的人_____送到医院了。

   ② 小偷_____警察抓住了。

   ③ 旧房子_____拆了。

   ④ 那本小说已经_____翻译成英文了。

   ⑤ 这一大只烤鸭都_____我们吃完了。

- 괄호 안의 단어가 들어갈 알맞은 위치를 찾아 보세요.

   ① A 我的自行车 B 被那位师傅 C 修好了。(已经)

   ② 那本杂志 A 已经叫 B 人 C 借走了。(给)

   ③ 护照 A 被 B 小偷 C 偷走。(没)

   ④ 那些 A 玩具 B 让孩子 C 拆了。(都)

❷ 连……也(都)……

'~조차도 ~하다' '심지어 ~하다'라는 뜻으로, 강조를 나타낸다.

连电脑也让我给摔坏了。
Lián diànnǎo yě ràng wǒ gěi shuāihuài le.
심지어 컴퓨터도 내가 떨어뜨려 고장 났다.

他起晚了，连早饭也没吃就去上课了。
Tā qǐwǎn le, lián zǎofàn yě méi chī jiù qù shàngkè le.
그는 늦게 일어나서 아침밥도 못 먹고 바로 수업하러 갔다.

문제로 확인

- '连……也(都)……' 형식을 사용하여 문장을 완성해 보세요.

  ❶ 这个问题太容易了，_____。

  ❷ 他忙极了，_____。

  ❸ 这是我的秘密，_____。

  ❹ 他汉语水平特别高，_____。

1 밑줄 친 부분에 다른 내용을 넣어 교체 연습을 해 보세요.

① A 你怎么了?
B 别提了，刚才骑车出去，被一辆三轮车撞倒了。

② 你看，胳膊和腿都被撞青了。真倒霉!

③ A 不是我不小心，是那个骑三轮车的骑得太快了。
B 真不像话!

④ 我今天真是倒霉透了!

⑤ 丢了五百多块钱。真气人!

⑥ A 咳，连电脑也让我给摔坏了，现在听不了录音了。真急人!
B 你把它送到小雨那儿吧。上次我的电脑就是让小雨给修好的。
A 好主意，我马上就去。

2 지문을 읽고 주어진 내용에 근거하여 대화를 만들어 보세요.

①
有人把西瓜皮扔在楼门口，A先生去外边的时候，一下楼就滑倒了，他的胳膊被摔伤了。
B先生今天骑车去书店，有个人逆行，B先生被这个人撞倒了。他的腿被摔青了，自行车也被摔坏了。

西瓜 xīguā 명 수박 | 滑 huá 동 미끄러지다 | 逆行 nìxíng 동 역행하다

상황 A가 병원에 갔다가 B를 만났다.
화제 别提了，今天真倒霉……
역할 A와 B

❷ C小姐上星期买了一辆很漂亮的自行车，因为楼下没有车棚，所以她把车放在楼门口。今天早上她出去的时候**发现**，自行车没有了。

发现 fāxiàn 图 발견하다

[상황] C가 경찰을 찾아가 분실신고를 하다.
[화제] 真气人!
[역할] C와 경찰

---

3 주어진 단어를 사용하여 다음 화제에 대해 자유롭게 이야기해 보세요.

| 不像话 | 真气人 | 倒霉透了 | 被 | 连……也…… |

谈一件你遇到的倒霉事。

---

4 녹음을 듣고 질문에 답한 후, 내용을 다시 중국어로 말해 보세요. 🎧 09-05

• 질문 小明今天一进教室就告诉老师什么？为什么？

중국 명승지와 명언

강남 원림은 천하제일이고,
쑤저우 원림은 강남의 제일이다.

江南园林甲天下，苏州园林甲江南。
Jiāngnán yuánlín jiǎ tiānxià, Sùzhōu yuánlín jiǎ Jiāngnán.

쑤저우 苏州

가시는 길이 평안하길 빕니다.

祝你一路平安。
Zhù nǐ yílù píng'ān.

10

- **학습 목표**
  피동문의 여러 형식을 이해할 수 있다.

- **어법 포인트**
  의미상의 피동문

단어 익히기

🎧 10-01

💬 회화 단어

向 xiàng 📖 ~에게, ~을 향하여

告别 gàobié 📖 작별 인사를 하다, 이별을 고하다

行李 xíngli 📖 짐, 여행짐

收拾 shōushi 📖 정리하다, 정돈하다, 꾸리다

上班 shàngbān 📖 출근하다

保重 bǎozhòng 📖 건강에 주의하다, 몸조심하다

饯行 jiànxíng 📖 송별연을 베풀다

祝 zhù 📖 빌다, 축원하다

一路 yílù 📖 도중, 노중(路中)

平安 píng'ān 📖 평안하다, 편안하다

幸福 xìngfú 📖 행복하다

顺利 shùnlì 📖 순조롭다

刚 gāng 📖 지금, 막

句 jù 📖 구, 구절, 마디 [말·글을 세는 단위]

感谢 gǎnxiè 📖 감사하다

舍不得 shěbude 📖 (헤어지기) 아쉽다, 섭섭하다

举 jǔ 📖 들다, 들어 올리다

为 wèi 📖 ~을 위하여

友谊 yǒuyì 📖 우의, 우정

干杯 gānbēi 📖 건배하다, 잔을 비우다

该 gāi 📖 ~해야 한다

登 dēng 📖 오르다

手续 shǒuxù 📖 수속, 절차

护照 hùzhào 📖 여권

机票 jīpiào 📖 비행기표

代 dài 📖 대리하다, 대신하다

问好 wènhǎo 📖 안부를 묻다, 문안드리다

顺风 shùnfēng 📖 여정이 순조롭다, 여행 길이 평안하고 행운이 따르다

회화 배우기

1. 작별 인사하러 왔어요. 🎧 10-02

릴리 下星期我就要回国了，我来向您告别。
Xià xīngqī wǒ jiù yào huí guó le, wǒ lái xiàng nín gàobié.

선생님 行李都收拾好了吗？
Xíngli dōu shōushi hǎo le ma?

릴리 都收拾好了。
Dōu shōushi hǎo le.

선생님 哪天的飞机？
Nǎ tiān de fēijī?

릴리 下星期二上午十点一刻的。
Xià xīngqī'èr shàngwǔ shí diǎn yí kè de.

선생님 星期二我还得上班，恐怕送不了你了。
Xīngqī'èr wǒ hái děi shàngbān, kǒngpà sòngbuliǎo nǐ le.

릴리 不用送了，您多保重。
Búyòng sòng le, nín duō bǎozhòng.

2. 하는 일이 순조롭기를 바랍니다. 🎧 10-03

(귀국 전날 저녁, 릴리의 중국 친구들이 그녀에게 송별회를 열어 준다)

샤오예 莉莉，今天我们给你饯行，祝你一路平安！
Lìli, jīntiān wǒmen gěi nǐ jiànxíng, zhù nǐ yílù píng'ān!

릴리 我也祝你们生活幸福，工作顺利！
Wǒ yě zhù nǐmen shēnghuó xìngfú, gōngzuò shùnlì!

| 샤오예 | 刚来中国的时候，你连一句汉语也不会说，
Gāng lái Zhōngguó de shíhou, nǐ lián yí jù Hànyǔ yě bú huì shuō,

现在说得真不错。
xiànzài shuō de zhēn búcuò.

| 릴리 | 你们给了我很多帮助，我真不知道怎么感谢
Nǐmen gěi le wǒ hěn duō bāngzhù, wǒ zhēn bù zhīdào zěnme gǎnxiè

你们才好。
nǐmen cái hǎo.

| 샤오예 | 你说到哪儿去了？❶ 我们真舍不得你走。
Nǐ shuō dào nǎr qù le? Wǒmen zhēn shěbude nǐ zǒu.

| 릴리 | 我也是。我们一定会再见面的。
Wǒ yě shì. Wǒmen yídìng huì zài jiànmiàn de.

| 샤오예 | 来，大家举杯，为我们的友谊干杯。
Lái, dàjiā jǔ bēi, wèi wǒmen de yǒuyì gānbēi.

| 모두 | 干杯!
Gānbēi!

3 잊지 않을게요. 🎧 10-04

(공항에서)

| 샤오예 | 咱们一起照张相吧。
Zánmen yìqǐ zhào zhāng xiàng ba.

| 릴리 | 好。请把照片发给我。
Hǎo. Qǐng bǎ zhàopiàn fāgěi wǒ.

| 샤오예 | 该办登机手续了，护照和机票都拿出来了吧？
Gāi bàn dēng jī shǒuxù le, hùzhào hé jīpiào dōu ná chūlai le ba?

别丢了。
Bié diū le.

릴리 那咱们就在这儿说"再见"吧。
Nà zánmen jiù zài zhèr shuō "zàijiàn" ba.

샤오예 别忘了给我们来信。
Bié wàng le gěi wǒmen lái xìn.

릴리 忘不了。
Wàngbuliǎo.

샤오예 回去见到西蒙的话，请代我们向他问好。
Huíqù jiàndào Xīméng dehuà, qǐng dài wǒmen xiàng tā wènhǎo.

릴리 我一定转告。
Wǒ yídìng zhuǎngào.

친구들 一路顺风！❷ 再见！
Yílù shùnfēng!   Zàijiàn!

릴리 再见！
Zàijiàn!

신공략 포인트

❶ **你说到哪儿去了?** 별말씀을 다 하시네요.
상대방이 지나치게 예의를 차리거나 겸손하게 말할 경우, '별말씀을 다 하시네요' '무슨 그런 말씀을 하세요'라는 의미로 만류하는 상황에서 쓰는 표현이다.

❷ **一路顺风!** 가시는 길이 순조롭기를 바랍니다!
여정이 순조롭고 평안하기를 기원하는 덕담이다.

1 의미상의 피동문

중국어에서 '被'를 쓰지 않고도 피동의 의미를 나타내는 문장을 '의미상의 피동문'이라고 한다. 스스로 동작이나 행위를 할 수 없는 사물이 주어(동작의 대상)가 되고, 술어 자체에 피동의 의미가 있을 때, 개사 '被'를 쓰지 않더라도 피동문의 의미를 나타낼 수 있다.

> 주어 + 동사 + 기타 성분
> (동작의 대상)

行李都收拾好了吗? 짐은 모두 다 챙겼습니까?
Xíngli dōu shōushi hǎo le ma?

护照和机票都拿出来了吧? 여권과 비행기표 모두 꺼냈지요?
Hùzhào hé jīpiào dōu ná chūlai le ba?

주어와 동사가 피동 관계임을 강조할 필요가 없거나 동작의 주체를 나타낼 필요가 없을 때, 의미상의 피동문을 쓴다.

문제로 확인

- 주어진 단어를 사용하여 의미상의 피동문을 만들어 보세요.

  ① 写完 → _____

  ② 贴好 → _____

  ③ 洗干净 → _____

  ④ 摔坏 → _____

  ⑤ 关上 → _____

  ⑥ 寄去 → _____

1 밑줄 친 부분에 다른 내용을 넣어 교체 연습을 해 보세요.

① 下星期我就要回国了，我来向您告别。

② A 星期二我还得上班，恐怕送不了你。
B 不用送了，您多保重。

③ A 莉莉，今天我们给你饯行，祝你一路平安！
B 我也祝你们生活幸福，工作顺利！

④ A 你们给了我很多帮助，我真不知道怎么感谢你们才好。
B 你说到哪儿去了？

⑤ 我们真舍不得你走。

⑥ A 来，大家举杯，为我们的友谊干杯。
B 干杯！

⑦ 回去见到西蒙的话，请代我们向他问好。

2 주어진 화제로 대화를 나누어 보세요.

① 我来向您告别

② 为……干杯

❸ 请代……向……问好

3 다음 질문에 대해 자신의 생각을 자유롭게 이야기해 보세요.

- **질문** 你就要跟老师和同学们说"再见"了，现在你最想说什么？

중국 명승지와 명언

주자이거우는 천하의 기이함이요,
어메이산은 천하의 수려함이다.
쓰촨에 가 보지 않았다면, 중국을 안 가 본 것이다.

九寨天下奇，峨嵋天下秀。
Jiǔzhài tiānxià qí, Éméi tiānxià xiù.

假如您不到四川，就等于没到过中国。
Jiǎrú nín bú dào Sìchuān, jiù děngyú méi dàoguo Zhōngguó.

주자이거우 九寨沟

복습 2
06~10

• 6~10과에서 배웠던 주요 단어, 표현, 어법 내용을 복습해 보세요.

주요 단어

06
- 结束 jiéshù 끝나다, 마치다
- 比 bǐ ~에 비하여, ~보다
- 还 hái 더, 더욱
- 方便 fāngbiàn 편리하다
- 帮助 bāngzhù 돕다, 도움
- 一样 yíyàng 같다, 동일하다
- 希望 xīwàng 희망하다, 희망
- 对 duì ~에게, ~에 대하여

07
- 把 bǎ [목적어를 동사 앞으로 옮길 때 씀]
- 钥匙 yàoshi 열쇠
- 还 huán 돌려주다, 반납하다
- 着急 zháojí 조급해하다, 초조해하다
- 交 jiāo 건네다, 내다, 제출하다
- 文章 wénzhāng 글, 문장
- 翻译 fānyì 번역하다, 통역하다
- 水平 shuǐpíng 수준

08
- 关 guān 끄다, 닫다
- 感冒 gǎnmào 감기에 걸리다, 감기
- 赶快 gǎnkuài 빨리, 얼른, 어서
- 愿意 yuànyì ~하기를 원하다, 희망하다
- 怕 pà 무서워하다, 두려워하다
- 按时 ànshí 제시간에, 정시에, 제때에
- 劝 quàn 권하다, 권고하다, 타이르다
- 好处 hǎochù 장점, 이점, 이로운 점

09
- 被 bèi ~에게 (~당하다)
- 倒霉 dǎoméi 재수 없다, 운이 나쁘다
- 小心 xiǎoxīn 조심스럽다, 주의 깊다
- 像话 xiànghuà (말이나 행동이) 이치에 맞다, 말이 되다
- 叫 jiào ~에게 (~당하다)
- 丢 diū 잃다, 잃어버리다
- 让 ràng ~에게 (~당하다)
- 主意 zhǔyi 생각, 의견, 견해

10
- 向 xiàng ~에게, ~을 향하여
- 告别 gàobié 작별 인사를 하다, 이별을 고하다
- 收拾 shōushi 정리하다, 정돈하다
- 祝 zhù 빌다, 축원하다
- 幸福 xìngfú 행복하다
- 顺利 shùnlì 순조롭다
- 舍不得 shěbude (헤어지기) 아쉽다, 섭섭하다
- 为 wèi ~을 위하여

핵심 표현

06
- 시안에 가는 차가 비교적 많아서, 다퉁에 가는 것보다 더 편합니다.

  去西安的车比较多，比去大同更方便。
  Qù Xī'ān de chē bǐjiào duō, bǐ qù Dàtóng gèng fāngbiàn.

- 그는 나와 키는 같은데, 나보다 훨씬 건장해요.

  他跟我一样高，但是比我壮多了。
  Tā gēn wǒ yíyàng gāo, dànshì bǐ wǒ zhuàng duō le.

- 그가 나보다 나이가 어려요.

  他没有我大。
  Tā méiyǒu wǒ dà.

07
- 자전거를 어디에다 두었어요?

  你把自行车放在哪儿了?
  Nǐ bǎ zìxíngchē fàngzài nǎr le?

- 나를 도와 이 글을 영문으로 번역해 줄 수 있어요?

  请你帮我把这篇文章翻译成英文，好吗?
  Qǐng nǐ bāng wǒ bǎ zhè piān wénzhāng fānyì chéng Yīngwén, hǎo ma?

- 당신 영어 전공한 거 아니에요?

  你不是学英语的吗?
  Nǐ bú shì xué Yīngyǔ de ma?

08
- 빨리 옷을 입어요. 내가 병원에 데려가 줄게요.

  赶快把衣服穿上，我陪你去医院。
  Gǎnkuài bǎ yīfu chuānshang, wǒ péi nǐ qù yīyuàn.

- 담배 좀 그만 피워요. 흡연은 몸에 좋을 게 없어요.

  我劝你少抽点儿烟，抽烟对身体没有好处。
  Wǒ quàn nǐ shǎo chōu diǎnr yān, chōu yān duì shēntǐ méiyǒu hǎochù.

- 아이고, 또 시작이다! 이미 골백번도 더 말했거든요.

  哎呀，又来了，你已经说了八百遍了。
  Āiyā, yòu lái le, nǐ yǐjīng shuō le bābǎi biàn le.

09
- 방금 자전거 타고 가다가 삼륜차에 부딪혀 넘어졌어요.

  刚才骑车出去，被一辆三轮车撞倒了。
  Gāngcái qí chē chūqù, bèi yí liàng sānlúnchē zhuàngdǎo le.

- 오늘 정말 재수가 없네!

  我今天真是倒霉透了！
  Wǒ jīntiān zhēn shì dǎoméi tòu le!

- 컴퓨터까지 떨어뜨려 고장 나서 지금 녹음을 들을 수가 없어요.

  连电脑也让我给摔坏了，现在听不了录音了。
  Lián diànnǎo yě ràng wǒ gěi shuāihuài le, xiànzài tīngbuliǎo lùyīn le.

10
- 저 다음 주에 곧 귀국해서 선생님께 작별 인사를 드리러 왔어요.

  下星期我就要回国了，我来向您告别。
  Xià xīngqī wǒ jiù yào huí guó le, wǒ lái xiàng nín gàobié.

- 모두들 잔을 들고, 우리의 우정을 위해 건배해요.

  大家举杯，为我们的友谊干杯。
  Dàjiā jǔ bēi, wèi wǒmen de yǒuyì gānbēi.

- 돌아가서 사이먼을 만나면 우리 대신 그에게 안부 전해 주세요.

  回去见到西蒙的话，请代我们向他问好。
  Huíqù jiàndào Xīméng dehuà, qǐng dài wǒmen xiàng tā wènhǎo.

 어법 포인트

1. '比'를 사용한 비교문

개사 '比'를 사용해 두 사물의 성질이나 특징을 비교하는 비교문을 만들 수 있다.

> A比B + 형용사 : A는 B보다 ~하다

他二十岁，我二十二岁。他比我小两岁。
Tā èrshí suì, wǒ èrshí'èr suì.　　Tā bǐ wǒ xiǎo liǎng suì.
그는 스무 살이고, 나는 스물두 살이다. 그는 나보다 두 살 어리다.

> A + 동사 + 得 + 比B + 형용사
> A比B + 동사 + 得 + 형용사　: A는 B보다 ~을 더 잘한다

小明英语说得比我流利。 샤오밍은 영어를 나보다 유창하게 한다.
Xiǎomíng Yīngyǔ shuō de bǐ wǒ liúlì.

2. '跟……一样' 형식의 비교문

'跟……一样'은 두 사물을 비교한 결과가 같거나 비슷함을 나타낸다. 부정형식은 '一样' 앞에 부정부사 '不'를 붙인다.

> A + 跟 + B + 一样 : A는 B와 같다

我弟弟跟我一样高。 내 남동생은 나와 키가 같다.
Wǒ dìdi gēn wǒ yíyàng gāo.

3. '有'나 '没有'를 사용한 비교문

'有'나 '没有'를 사용해 비교문을 만들면, 일정한 정도에 도달하거나 또는 도달하지 못했음을 나타낸다. 의문문이나 부정문에 주로 쓰인다.

> A + 有 + B + 형용사 : A는 B만큼 ~하다
> A + 没有 + B + 형용사 : A는 B만큼 ~하지 않다

你弟弟有你高吗? 네 남동생은 너만큼 키가 크니?
Nǐ dìdi yǒu nǐ gāo ma?

我弟弟没有我高。 내 남동생은 나만큼 키가 크지 않아.
Wǒ dìdi méiyǒu wǒ gāo.

4 '把'자문

'把'자문은 동작이 어떤 사물을 어떻게 처리했는가와 그 처리 결과를 강조하여 설명할 때 주로 쓴다.

> 주어 + 把 + 목적어 + 동사(술어) + 기타 성분
>   (처리되는 대상)   (처리 방식/처리 결과)

1) '把'의 목적어는 확정된 것, 구체적인 것이어야 한다.
2) '把'자문의 동사는 처리 또는 지배의 뜻을 지니고 있는 동사여야 한다.
3) '把'자문의 동사 뒤에는 반드시 기타 성분이 와야 한다.
4) 부정부사, 조동사 또는 시간을 나타내는 부사어는 반드시 '把'의 앞에 위치해야 한다.

5 피동문

주어가 동작의 대상이 되고, 개사 '被' '叫' '让' 등을 써서 동작의 주체를 이끌어 내는 문장을 피동문이라고 한다. 주어가 목적어에 의해 어떻게 되었는가를 설명하는 문장이다. '被'자문이라고도 한다.

> 주어 + 被 / 叫 / 让 + 목적어(+给) + 동사(술어) + 기타 성분
> (동작의 대상)   (동작의 주체)   (결과/정도/방향/수량보어)

1) 피동문의 동사는 일반적으로 기타 성분과 함께 쓰여 동작의 결과·정도·시간 등을 설명한다.
2) 동사의 주체를 말할 필요가 없거나 말할 수 없을 경우, '人'을 써서 대체할 수 있다.
3) 동작의 주체를 말할 필요가 없을 경우, '被' 뒤에 오는 목적어는 생략할 수 있다. 하지만 '让'과 '叫' 뒤에 오는 목적어는 생략할 수 없다.
4) 부정부사와 조동사는 '被' '叫' '让'의 앞에 위치해야 한다.

6 의미상의 피동문

'被'를 쓰지 않고도 피동의 의미를 나타내는 문장을 '의미상의 피동문'이라고 한다. 주어(동작의 대상)가 사물이고, 술어 자체에 피동의 의미가 있을 때, 개사 '被'를 쓰지 않고도 피동문의 의미를 나타낼 수 있다.

> 주어 + 동사 + 기타 성분
> (동작의 대상)

Tīngting 듣기

1. **녹음을 듣고 ○, ×를 표시해 보세요.** 🎧 fuxi 04

   (1) 여자는 남자에게 가방을 대신 전해 달라는 부탁을 했다.   (   )

   (2) 여자는 내일 시험이 있어서 수업에 갈 수 없다.   (   )

   (3) 남자는 여자의 부탁을 들어주기로 했다.   (   )

2. **녹음을 듣고 질문에 답해 보세요.** 🎧 fuxi 05

   (1) 큰딸은 무엇을 했나요?
   _____

   (2) 큰아들은 무엇을 했나요?
   _____

   (3) 막내아들은 무엇을 했나요?
   _____

3. **녹음을 듣고 내용을 요약해 보세요.** 🎧 fuxi 06

 **Dúdu 읽기**

1 다음 지문을 읽고 질문에 답해 보세요.

> 今天是我朋友女儿的生日。她三岁了。她有一个哥哥。我问她："你哥哥比你大几岁？"她非常高兴地说："去年妈妈告诉我，哥哥三岁，比我大一岁。现在我也三岁了，我跟哥哥一样大了。"

(1) 여자아이의 오빠는 올해 몇 살인가요?

_____

(2) 여자아이와 오빠는 몇 살 차이인가요?

_____

2 다음 대화문을 읽고 알맞은 내용을 골라 보세요.

> A 考试结束后，我打算跟父母一起去旅行。你说去上海好，还是去云南好？
> B 要是你陪父母去旅行的话，我建议你去上海看看。去上海旅游比去云南旅游更轻松舒服。
> A 我听说上海的物价比北京还贵，云南的物价是不是比北京便宜一点儿？
> B 看新闻报道说，上海的物价不比北京贵。
> A 云南比上海远得多吧？
> B 是啊。坐高铁去上海只需要五个小时，比去云南近多了。
> A 好，就听你的。

(1) 남자는 친구들과 여행을 가려고 한다. (   )
(2) 상하이의 물가는 베이징보다 비싸다. (   )
(3) 남자는 상하이로 여행 가기로 결정했다. (   )

Shuōshuo 말하기

1 비교문 표현을 활용해 친구를 소개해 보세요.

2 자신이 경험한 운수가 나빴던 일에 대해 이야기해 보세요.

3 짝과 함께 작별 인사를 나누어 보세요.

A 后天我就要回国了，我来向你告别。

B _____

A _____

B _____

Xiěxie 쓰기

1 보기에서 알맞은 단어를 골라 다음 문장을 완성해 보세요.

> 就要   一样   赶快   恐怕

(1) 下星期我_____回国了，我来向您告别。

(2) 星期二我还得上班，_____送不了你了。

(3) _____把衣服穿上，我陪你去医院。

(4) 他的鞋跟我的鞋_____大。

2 빈칸에 들어갈 알맞은 말을 써 넣으세요.

(1) 苹果比橘子_____。 사과는 귤보다 훨씬 비싸다.

(2) 我_____去医院，我最怕打针。
   나는 병원에 가고 싶지 않아요. 주사 맞는 게 제일 무서워요.

(3) 大家举杯，_____我们的友谊干杯。
   모두 잔을 들고, 우리의 우정을 위해 건배해요.

3 다음 문장을 중국어로 써 보세요.

(1) 돌아가서 그를 만나면 내 대신 안부 전해 주세요.   → _____

(2) 너희들 행복하고, 하는 일 모두 순조롭길 바랄게.   → _____

(3) 어제부터 머리가 아프고, 목도 아프고, 기침도 좀 나요.   → _____

(4) 나는 여러분께 어떻게 감사를 드려야 좋을지 모르겠어요.   → _____

- 본문 해석
- 모범답안 & 녹음대본

01 샹산에 가 본 적 있어요?

1. 가 본 적 있어요?

나오미 너 샹산에 가 본 적 있어?
다니엘 가 본 적 있어.
나오미 언제 갔었는데?
다니엘 지난달에 갔었어.
나오미 누구와 함께 갔었어?
다니엘 나 혼자 갔었어.
나오미 택시 타고 갔었지?
다니엘 택시 타고 간 게 아니라, 자전거를 타고 갔었어.
나오미 그래? 너 정말 대단하다!

2. 먹어 본 적 있어요?

다니엘 베이징에 온 이후에 너 오리구이 먹어 본 적 있어?
폴 두 번 먹어 봤어.
다니엘 어디에서 먹었는데?
폴 첫 번째는 취안쥐더에서 먹었고, 두 번째는 학교 근처 식당에서 먹었어.
다니엘 오리구이 말고 또 어떤 맛있는 음식을 먹어 봤어?
폴 베이징의 유명한 특색 요리와 간단한 먹거리는 거의 다 먹어 봤어.
다니엘 진짜? 네가 정말 부럽다.

3. 들어 본 적 없어요.

영남 너 이 CD 들어 봤어?
폴 못 들어 봤어. 듣기 좋아?
영남 정말 듣기 좋아! 나는 여러 번 들어서 CD 안의 노래를 거의 다 부를 수 있어.
폴 정말 대단하다! 나는 여태껏 중국어 노래를 배워 본 적이 없어.

02 문이 열려 있어요.

1. 폴은 의자에 앉아 있습니다.

이곳은 영남이와 폴의 방입니다. 문은 열려 있고, 텔레비전도 켜져 있습니다. 책과 사전은 책장에 놓여 있고, 폴은 의자에 앉아 있습니다. 영남이는 침대에 누워 있습니다. 그들은 지금 긴장한 채 텔레비전 속 축구 경기를 보고 있습니다.

2. 큰 팻말이 하나 걸려 있습니다.

이곳은 슈퍼마켓입니다. 아름다운 홀 안에는 상품 진열대가 한 줄 한 줄 세워져 있고, 상품 진열대에는 각종 먹거리와 용품들이 가지런하게 놓여 있습니다. 입구에는 큰 팻말이 하나 걸려 있는데, 그 위에는 '흡연 금지'라고 쓰여 있습니다.

3. 소파에 앉아 신문을 보고 있습니다.

이곳은 샤오위의 집입니다. 서재는 매우 조용합니다. 아버지는 소파에 앉아 신문을 보고 계시고, 어머니는 거실에서 이웃분과 함께 커피를 마시며 이야기를 나누고 계십니다. 샤오위는 자기 방에서 음악을 들으며 책을 보고 있습니다. 이 집의 고양이는요? 창문턱에 엎드린 채 잠을 자고 있네요.

03 전화 잘못 거셨어요.

1. 전화 잘못 거셨습니다.

샤오예 여보세요, 유학생 기숙사죠?
A 전화 잘못 거셨습니다.

· · · · · · · · ·

샤오예 여보세요, 릴리를 찾는데요.
릴리 전데요. 샤오예구나?
샤오예 맞아. 너 어제 어디 갔었어? 내가 하루 종일 찾았는데 없더라.
릴리 친구한테 가서 10시까지 있다가 돌아왔어. 무슨 일로 날 찾았어?
샤오예 네가 필요하다던 책 준비해 두었어. 언제 가지러 올래?
릴리 잘 됐다! 저녁 먹고 바로 갈게.

2. 다시 한번 말씀해 주시겠어요?

영남 실례합니다. 다니엘 있습니까?

룸메이트 없는데요. 누구세요?
영남 전 이영남입니다. 죄송하지만 다니엘에게 말씀 좀 전해 주시겠어요?
룸메이트 그럼요, 말씀하세요.
영남 다퉁으로 가는 기차표를 사 두었고, 금요일 저녁 9시 반 거라고 전해 주세요.
룸메이트 죄송하지만 제가 잘 못 들었어요. 다시 한번 말씀해 주시겠어요?

3 폴을 봤어요?

샤오위 너 폴 봤어? 내가 급한 일이 있어서 그를 찾아야 하거든.
영남 방금 남문 쪽으로 걸어가는 거 봤어.
샤오위 폴이 어디로 갔는지 알아?
영남 모르겠어. 폴은 나를 못 봤어. 내가 불렀는데, 폴은 듣지 못했어.
샤오위 너 폴의 핸드폰 번호 기억하고 있어? 폴에게 전화해 봐야겠어.

· · · · · · · · ·

샤오위 핸드폰 꺼져 있네.
영남 그럼 문자 메시지 보내 봐. 핸드폰 켜면 바로 볼 수 있을 거야.

2 오래 기다리게 해서 미안해요.

(릴리가 돌아온 후)
릴리 오래 기다리게 해서 정말 미안해.
샤오예 괜찮아. 이건 네가 나에게 사달라고 했던 책이야.
릴리 번거롭게 가져다주기까지 하고, 정말 미안하네.
샤오예 별말을 다 한다.
릴리 봐봐, 내가 또 책을 좀 사 왔어.
샤오예 이렇게나 많이, 너 모두 본국으로 부치려고 하는 거야?
릴리 응, 내일 부치려고 해.
샤오예 꽤 무겁지? 내가 도와줄까?
릴리 괜찮아.

3 죄송하지만 부탁 좀 할게요.

나오미 미안한데 부탁 좀 할게.
릴리 괜찮아, 말해.
나오미 내가 지금 올라가 봐야 하는데, 다니엘이 오면 잠깐 기다리라고 해 줘.
릴리 알았어.
나오미 다니엘에게 내가 금방 내려올 거라고 말해 줘. 고마워.

04 그녀는 외출했어요.

1 들어와서 기다리세요.

(샤오예가 나오미의 기숙사에 가다)
샤오예 릴리는?
나오미 외출했어. 아마 곧 돌아올 거야.
샤오예 어디 갔는데?
나오미 서점에 갔어. 들어와서 기다려.
샤오예 너 공부하고 있었지? 방해되지 않을까?
나오미 괜찮아, 어서 들어와.
샤오예 그럼 실례 좀 할게.

05 그는 아마 갈 수 없을 거예요.

1 아마 알아들을 수 없을 거예요.

샤오위 오늘 저녁에 너와 폴이 시간 되면, 내가 영화를 보여 주고 싶은데.
영남 나는 별로 가고 싶지 않아. 영화 속 대화가 너무 빨라서 아마 알아들을 수 없을 거야.
샤오위 중국어 자막이 있으니, 분명 대략적인 뜻은 이해할 수 있을 거야. 폴은 갈 수 있을까?
영남 아마 못 갈 거야.
샤오위 왜?
영남 어제 축구 하다가 다쳐서 지금 걸을 수가 없거든.

2 잘 보여요.

(영화관에서)

- 샤오위: 우리 여기 앉자.
- 영남: 너무 멀어서 자막이 잘 안 보일 것 같은데.
- 샤오위: 그럼 앞쪽에 앉자.
- 영남: 여기 앉는 게 좋겠다. 잘 보이고, 잘 들리고.
- 샤오위: 근데 내 앞 사람이 너무 커서 안 보여.
- 영남: 우리 둘이 자리를 바꿔 앉자.

3 갈 수 있어요?

- 다니엘: 나오미와 친구들이 내일 함께 교외로 놀러 가자고 하는데, 너 갈 수 있어?
- 영남: 물론이지, 나는 진작부터 놀러 가고 싶었거든.
- 다니엘: 우리 아침 6시 반에 출발하기로 약속했어.
- 영남: 그렇게 일찍 어떻게 일어나?
- 다니엘: 장거리 버스를 타야 해서 늦게 가면 차 시간에 맞출 수가 없어.
- 영남: 알겠어. 맞다! 나 저녁 7시에 또 약속이 있는데, 7시 전에 돌아올 수 있을까?
- 다니엘: 걱정하지 마, 네 약속에 지장을 주진 않을 거야.

06 시안은 베이징보다 더 더워요.

1 시안의 명승고적이 다퉁보다 많아요.

- 영남: 공부를 마치고 나서 저는 여행을 갈 계획이에요. 시안에 가는 것이 좋을까요, 다퉁에 가는 것이 좋을까요?
- 선생님: 시안의 명승고적이 다퉁보다 많아. 나는 시안에 가 보라고 추천할게.
- 영남: 듣기로는 시안이 베이징보다 더 덥다던데, 다퉁은 베이징보다는 좀 시원할까요?
- 선생님: 일기예보를 보니까 올해는 다퉁도 베이징보다 시원하지 않다고 하더라.
- 영남: 시안이 다퉁보다 훨씬 멀죠?
- 선생님: 그렇지. 하지만 시안 가는 차가 비교적 많아서 다퉁 가는 것보다 훨씬 편해.
- 영남: 네, 선생님 의견을 따를게요.

2 그는 나보다 어려요.

- 선생님: 내 생각에 네가 여행 갈 때 동행자를 한 명 찾는 게 좋을 것 같아. 서로 도울 수도 있잖아.
- 영남: 저도 그렇게 생각해요. 전 폴과 함께 갈 생각이에요.
- 선생님: 그 키 크고 건장한 독일 사람 말이지?
- 영남: 폴은 키는 저와 같은데, 저보다 훨씬 건장해요.
- 선생님: 그는 너와 나이가 같니?
- 영남: 그는 저보다 어려요.

3 외국에서 생활하는 것은 국내에서만큼 편하지 않아요.

- 선생님: 공부를 마치고 나서, 너는 어떻게 할 생각이니?
- 영남: 저는 중국에서 일자리를 구하고 싶어요. 하지만 가족들이 동의하지 않아서 어떻게 하는 게 좋을지 잘 모르겠어요.
- 선생님: 가족들은 외국에서 생활하는 것이 국내에서 생활하는 것만큼 편하지 않다고 생각하는 게 아닐까?
- 영남: 맞아요. 어떤 면에서는 확실히 국내만큼 편하지 않겠죠. 하지만 저는 여기에서 일하는 것에 매우 흥미를 느끼고 있어요.
- 선생님: 내가 보기에는 가족들과 다시 잘 상의해 보는 것이 좋겠어.

07 자전거를 어디에다 두었어요?

1 자전거를 나에게 빌려줄 수 있어요?

- 다니엘: 네 자전거를 내가 좀 쓰게 빌려줄 수 있니?
- 영남: 그래. 열쇠 줄게.
- 다니엘: 자전거를 어디에 두었어?
- 영남: 아래층 자전거 보관소에 두었어.
- 다니엘: 쓰고 나서 바로 돌려줄게.
- 영남: 괜찮아, 서두를 필요 없어.

2 그것을 누구에게 주면 되나요?

- 다니엘: 괜찮다면 너 내일 사무실에 갈 때, 내 대신 이 서류를 사무실에 갖다 줘.

영남	그래. 그걸 누구에게 주면 돼?
다니엘	짜오 선생님께 드리면 돼.
영남	만약에 짜오 선생님이 안 계시면 어떻게 할까?
다니엘	짜오 선생님이 안 계시면, 서류를 선생님 책상 위에 두면 돼.
영남	그래, 알았어.
다니엘	잊어버리면 안 돼.
영남	걱정하지 마. 안 잊어버려.

3 이 글을 영문으로 번역해 줄 수 있어요?

다니엘	나 너한테 부탁 하나 하고 싶은데.
샤오위	무슨 일이야? 말해 봐.
다니엘	이 글을 영문으로 번역해 줄 수 있겠니?
샤오위	내 영어 실력이 좋지 않은데 어떻게 번역할 수 있겠어?
다니엘	너 영어 전공 아니었어?
샤오위	아니, 난 프랑스어 전공이야.
다니엘	진짜? 난 네가 영어 전공인 줄 알았어.

08 어서 에어컨을 꺼요.

1 감기 걸린 거 아니에요?

(집에서)

샤오위	왜 이렇게 추워? 어서 에어컨을 꺼.
누나	너 감기 걸린 거 아니야?
샤오위	열이 조금 나는 것 같아.

(누나가 샤오위의 이마를 짚어 본다)

누나	어머, 뜨겁네! 빨리 옷 입어. 내가 병원에 데려갈게.
샤오위	가기 싫어. 주사 맞는 게 제일 무서워.
누나	그래도 안 돼! 빨리 가자.

2 어디가 불편하세요?

(병원에서)

의사	어떻게 오셨죠? 어디가 아프세요?
샤오위	어제부터 머리가 아프고, 목도 아프고, 기침도 좀 나요.
의사	먼저 체온을 좀 재 볼게요. 체온계를 잘 넣으세요.

(체온을 잰 후, 체온계를 의사에게 건네준다)

의사	38.8도네요. 입을 벌려 보세요. 좀 보겠습니다.
샤오위	선생님, 주사는 맞고 싶지 않아요.
의사	그럼 약을 처방해 드릴 테니, 시간 맞춰 드세요. 평소에 물을 많이 마셔야 해요.

3 이미 골백번은 말했거든요.

(저녁, 누나가 담배를 피우고 있는 샤오위를 보다)

누나	담배 좀 그만 피워. 흡연은 몸에 좋을 게 없잖아.
샤오위	아이고, 또 시작이다! 누나 이미 골백번도 더 말했거든.
누나	네가 담배를 끊으면 나도 말 안 하지. 오늘 받아온 약은?
샤오위	이미 먹었어.
누나	그럼 텔레비전 끄고 일찍 자라.

09 소매치기에게 지갑을 도둑맞았어요.

1 삼륜차에 부딪혀 넘어졌어요.

릴리	너 어떻게 된 거야?
나오미	말도 마, 방금 자전거 타고 가다가 삼륜차에 부딪혀 넘어졌어.
릴리	그래? 다치지 않았어?
나오미	봐, 팔하고 다리가 부딪혀서 시퍼렇게 멍이 들었어. 정말 재수가 없네!
릴리	앞으로 자전거 탈 때 조심해.
나오미	내가 조심하지 않은 게 아니라, 그 삼륜차 타는 사람이 너무 빨리 달린 거야.
릴리	정말 너무해!

2 오늘 정말 재수가 없네요!

나오미	오늘 정말 재수가 없네!
릴리	또 무슨 재수 없는 일이 있었는데?
나오미	오전에 쇼핑하다가 소매치기한테 지갑을 도둑맞았어.
릴리	얼마 잃어버렸어?

| 나오미 | 500위안이 넘어. 정말 열 받아!

3 좋은 생각이에요.

| 릴리 | 글피에 듣기 시험 보잖아. 너 복습 잘했어?
| 나오미 | 어휴, 컴퓨터까지 떨어뜨려 고장 나서 지금 녹음을 들을 수가 없는걸. 정말 속이 타네!
| 릴리 | 컴퓨터를 샤오위에게 갖다줘 봐. 지난번에 내 컴퓨터도 샤오위가 고쳐준 거야.
| 나오미 | 좋은 생각이야. 바로 가야겠어.

10 가시는 길이 평안하길 빕니다.

1 작별 인사하러 왔어요.

| 릴리 | 저 다음 주에 귀국해서 선생님께 작별 인사를 드리러 왔어요.
| 선생님 | 짐은 다 잘 챙겼니?
| 릴리 | 다 잘 챙겼어요.
| 선생님 | 언제 비행기야?
| 릴리 | 다음 주 화요일 오전 10시 15분이에요.
| 선생님 | 화요일은 내가 출근을 해야 해. 아마 배웅은 못할 것 같구나.
| 릴리 | 나오실 필요 없어요. 선생님, 몸 건강하세요.

2 하는 일이 순조롭기를 바랍니다.

(귀국 전날 저녁, 릴리의 중국 친구들이 그녀에게 송별회를 열어 준다)

| 샤오예 | 릴리, 오늘 우리가 송별회 해 주는 거야. 편안히 잘 가길 바란다!
| 릴리 | 나도 너희들 행복하고, 하는 일 모두 순조롭게 잘 되길 바랄게!
| 샤오예 | 너 중국에 막 왔을 때, 중국어라고는 한마디도 못 하더니 지금은 정말 잘하는구나.
| 릴리 | 너희들이 정말 나에게 도움을 많이 줬는데, 어떻게 감사해야 좋을지 정말 모르겠다.
| 샤오예 | 무슨 그런 말을 하니? 네가 떠난다니 정말 섭섭하다.
| 릴리 | 나도 그래. 우리 꼭 다시 만나게 될 거야.

| 샤오예 | 자, 모두들 잔을 들고, 우리의 우정을 위해 건배하자.
| 모두 | 건배!

3 잊지 않을게요.

(공항에서)

| 샤오예 | 우리 같이 사진 한 장 찍자.
| 릴리 | 좋아. 사진 나한테 보내 줘.
| 샤오예 | 탑승 수속 해야 해. 여권과 비행기표 모두 꺼냈지? 잃어버리지 마.
| 릴리 | 그럼 우리 여기에서 헤어지자.
| 샤오예 | 우리한테 편지하는 거 잊지 마.
| 릴리 | 잊지 않을게.
| 샤오예 | 돌아가서 사이먼 만나면 우리 대신 안부 전해 줘.
| 릴리 | 꼭 전해 줄게.
| 친구들 | 가는 길이 순조롭기를 바란다! 잘 가!
| 릴리 | 안녕!

모범답안 & 녹음대본

01

어법 다지기 | 문제로 확인

1 동태조사 '过'

① 上大学以前，我没学过汉语。	① 대학에 들어가기 전에 나는 중국어를 배워 본 적이 없다.
② 我没坐过中国的公共汽车。	② 나는 중국 버스를 타 본 적이 없다.
③ 我学过英语。	③ 나는 영어를 배워 본 적이 있다.
④ 我没参加过足球比赛。	④ 나는 축구시합에 참가해 본 적이 없다.
⑤ 我去过中国。	⑤ 나는 중국에 가 본 적이 있다.
⑥ 我说过假话。	⑥ 나는 거짓말을 해 본 적이 있다.

2 是……的

(1)

① A 来北京以后，你买过衣服没有?
B 买过。
A 你是在哪儿买的?
B 我是在一家百货大楼买的。

① A 베이징에 온 이후에 옷을 사 본 적 있니?
B 사 본 적 있어.
A 어디에서 샀는데?
B 백화점에서 샀어.

② A 来北京以后，你看过中国电影没有?
B 看过。
A 你是在哪儿看的?
B 我是在学校附近的一家电影院看的。

② A 베이징에 온 이후에 중국영화를 본 적 있니?
B 본 적 있어.
A 어디에서 봤는데?
B 학교 근처에 있는 영화관에서 봤어.

(2)

① A 上星期一你去哪儿了?
B 我去大同了。
A 你是跟谁一起去的?
B 我是自己去的。
A 你是怎么去的?
B 我坐火车去的。

① A 지난주 월요일에 어디 갔었어?
B 다퉁에 갔었어.
A 누구와 같이 갔어?
B 나 혼자 갔었어.
A 어떻게 갔는데?
B 기차 타고 갔어.

❷ A 上个月你去哪儿了?
B 我去大连了。
A 你是跟谁一起去的?
B 我是跟我弟弟一起去的。
A 你们是怎么去的?
B 我们坐船去的。

❷ A 지난달에 어디 갔었어?
B 다롄에 갔었어.
A 누구와 같이 갔어?
B 남동생이랑 같이 갔었어.
A 어떻게 갔는데?
B 배를 타고 갔어.

(3)
❶ A 你妹妹 大学毕业了没有?
B 她已经毕业了。
A 她是什么时候毕业的?
B 她是去年 毕业的。

❷ A 西蒙 回国了没有?
B 他已经回国了。
A 他是什么时候回国的?
B 他是前天 回国的。

❶ A 네 여동생은 대학 졸업했니?
B 이미 졸업했어.
A 언제 졸업했는데?
B 작년에 졸업했어.

❷ A 사이먼은 귀국했니?
B 이미 귀국했어.
A 언제 귀국했는데?
B 그제 귀국했어.

(4)
❶ A 你去过韩国吗?
B 去过。
A 你是去旅行的吗?
B 不是，我是去工作的。

❷ A 你去过美国吗?
B 去过。
A 你是去旅行的吗?
B 不是，我是去学习的。

❶ A 너 한국에 가 본 적 있어?
B 가 본 적 있어.
A 여행 간 거야?
B 아니야, 일하러 갔었어.

❷ A 너 미국에 가 본 적 있어?
B 가 본 적 있어.
A 여행 간 거야?
B 아니야, 공부하러 갔었어.

❸ 동량보어

❶ 我去过三四次颐和园。
❷ 工作以后，小雨只睡过一次懒觉。
❸ 这本书我看过两遍。
❹ 这首歌我听过好多遍了。
❺ 那封信他已经看了三遍了。
❻ 这个星期他给女朋友打过七次电话。

❶ 나는 이허위안에 서너 번 가 봤다.
❷ 일을 한 후에 샤오위는 늦잠을 딱 한 번 잤다.
❸ 나는 이 책을 두 번 봤다.
❹ 이 노래를 나는 여러 번 들었다.
❺ 그 편지를 그는 이미 세 번 보았다.
❻ 이번 주에 그는 여자친구에게 일곱 번 전화했다.

④ 除了……以外……

① A 除了香山以外，他还去过哪儿?
B 除了香山以外，他还去过长城、故宫和颐和园。

② A 除了打乒乓球以外，他还喜欢什么运动?
B 除了打乒乓球以外，他还喜欢游泳、打排球、踢足球。

③ A 除了书以外，桌子上还有什么?
B 除了书以外，桌子上还有照片框(kuàng, 틀)、巧克力和一杯水。

④ A 今天同学们都来了吗?
B 除了保罗以外，今天同学们都来了。

① A 샹산 외에 그는 또 어디를 가 봤습니까?
B 샹산 외에 그는 만리장성, 고궁, 이허위안에 가 봤습니다.

② A 탁구 외에 그는 또 어떤 운동을 좋아합니까?
B 탁구 외에 그는 수영, 배구, 축구를 좋아합니다.

③ A 책을 제외하고 책상 위에는 또 무엇이 있습니까?
B 책을 제외하고 책상 위에는 사진 액자, 초콜릿 그리고 물 한잔이 있습니다.

④ A 오늘 학생들이 모두 왔습니까?
B 폴을 제외하고는 오늘 학생들이 모두 왔습니다.

내공 쌓기

1
① A 我不是坐公共汽车来的，我是走路来的。
B 是吗? 你真行!

② A 韩国有名的风景区我差不多都去过。
B 真的吗? 我真羡慕你。

③ A 课本(kèběn, 교과서)上中国古代的诗歌我差不多都会背(bèi, 암송하다)了。
B 你真不简单! 我还从来没背过中国古代的诗歌呢。

① A 나는 버스를 타고 온 게 아니라, 걸어서 왔어.
B 정말? 대단한데!

② A 한국의 유명한 관광지를 나는 거의 다 가 봤어.
B 진짜? 정말 부럽다.

③ A 교과서의 중국 고대 시가를 나는 거의 다 외웠어.
B 대단하다! 나는 여태껏 중국 고대 시가를 외워 본 적 없어.

2

① 经理　您好！请介绍一下你自己。
　林歌　经理，您好！我叫林歌。我的专业是日语，在北京大学日语系学习了四年的日语。
　经理　本科毕业以后你在哪儿做什么工作的？
　林歌　毕业以后我在北京语言大学教了3年的日语。
　经理　你在日本生活过吗？
　林歌　生活过两年。
　经理　是去留学的吗？
　林歌　不是。是跟爱人一起去工作的。
　经理　知道了。你是什么时候回国的？
　林歌　我是2014年10月回国的。
　经理　回国以后你做什么了？
　林歌　回国以后就业了一家旅行社，到现在当旅行导游。
　经理　除了日语以外还会说其他外语吗？
　林歌　我会说一点儿英语和韩语。
　经理　你有什么特别的爱好吗？
　林歌　我非常喜欢看韩国电视剧，还喜欢打乒乓球。

② 您好！我是林歌，2009年北京大学日语系毕业了。从2005年到2009年，学习了四年的日语。毕业以后在北京语言大学教日语了。3年后，跟爱人一起去日本工作的。2014年10月从日本回国以后，就业了一家旅行社。到现在，在"汉星"旅行社当旅行导游。我除了日语以外，还会说一点儿英语和韩语。我非常喜欢看韩国电视剧，还喜欢打乒乓球。

① 사장　안녕하세요! 자기소개 좀 해 주세요.
　린꺼　사장님, 안녕하세요! 제 이름은 린꺼입니다. 제 전공은 일본어이며, 베이징대학 일본어과에서 4년간 일본어를 공부했습니다.
　사장　본과 졸업 후에는 어디에서 무슨 일을 하셨나요?
　린꺼　졸업 후에 저는 베이징어언대학에서 3년간 일본어를 가르쳤습니다.
　사장　일본에서 생활한 경험이 있나요?
　린꺼　2년간 살았습니다.
　사장　유학을 갔었나요?
　린꺼　아니오. 남편과 함께 일을 하러 갔었습니다.
　사장　알겠습니다. 언제 귀국하셨죠?
　린꺼　2014년 10월에 귀국했습니다.
　사장　귀국 후에는 무슨 일을 하셨나요?
　린꺼　귀국 후 여행사에 취업하였고, 지금까지 여행 가이드로 일하고 있습니다.
　사장　일본어 이외에 다른 외국어를 할 수 있나요?
　린꺼　영어와 한국어를 조금 할 수 있습니다.
　사장　특별한 취미가 있습니까?
　린꺼　한국 드라마 보는 걸 매우 좋아합니다. 또 탁구 치는 것도 좋아합니다.

② 안녕하세요! 저는 린꺼라고 합니다. 2009년 베이징대학 일본어과를 졸업했습니다. 2005년부터 2009년까지 4년간 일본어를 공부했습니다. 졸업 후에 베이징어언대학에서 일본어를 가르쳤습니다. 3년 후 남편과 함께 일본으로 일하러 갔습니다. 2014년 10월 일본에서 귀국한 후 여행사에 취직했습니다. 지금까지 '한싱'여행사에서 여행가이드로 일하고 있습니다. 저는 일본어 이외에 영어와 한국어를 조금 할 수 있습니다. 한국 드라마 보는 것을 매우 좋아하고, 탁구 치는 것도 좋아합니다.

3

大家好！我叫保罗。2009年大学毕业了。毕业以后，就业了一家汽车公司。2016年我来过中国，是跟爱人一起来旅行的。我是2015年结婚的。我的爱好是踢足球，所以上大学的时候，是学校足球队的队员。我还爱喝啤酒，特别喜欢中国啤酒。以后我想和你们一起去喝啤酒。

여러분 안녕하세요! 저는 폴이라고 합니다. 2009년에 대학을 졸업했습니다. 졸업 후에 한 자동차 회사에 취직했습니다. 2016년 중국에 와 본 적이 있는데, 아내와 함께 여행을 왔었습니다. 저는 2015년 결혼했습니다. 취미는 축구여서 대학에 다닐 때 학교 축구팀의 팀원이었습니다. 저는 또 맥주 마시는 걸 좋아하는데, 특히 중국 맥주를 좋아합니다. 다음에 여러분과 함께 맥주를 마시러 가고 싶습니다.

4

❶ 今天早上他吃的是面包。

❷ 一看他的脸就知道。因为他的脸上有面包和巧克力。

❸ 巧克力是昨天吃的。

❶ 오늘 아침 그는 빵을 먹었다.

❷ 그의 얼굴을 보고 바로 알았다. 그의 얼굴에 빵과 초콜릿이 묻어 있었기 때문이다.

❸ 초콜릿은 어제 먹은 것이다.

녹음대본

老师说："汤姆，你今天早上吃的是面包和巧克力吧？"汤姆问老师："您是怎么知道的？"老师说："是从你的脸上知道的。你的脸上有面包和巧克力。"汤姆说："不过，老师，面包是今天早上吃的，巧克力不是今天早上吃的，是昨天吃的。"

선생님이 말했다. "톰, 너 오늘 아침에 빵이랑 초콜릿 먹었지?" 톰이 선생님께 물었다. "선생님 어떻게 아셨어요?" 선생님이 말했다. "네 얼굴 보고 알았지. 네 얼굴에 빵이랑 초콜릿이 묻어 있거든." 톰이 말했다. "하지만 선생님, 빵은 오늘 아침에 먹었지만, 초콜릿은 오늘 아침에 먹은 게 아닌데요. 어제 먹었어요."

02

어법 다지기 | 문제로 확인

1 동작의 지속

(1)
❶ 窗户关着。
❷ 台灯开着。

❶ 창문이 닫혀 있다.
❷ 스탠드가 켜져 있다.

(2)
❶ 学生们坐着。
❷ 爷爷躺着。

❶ 학생들이 앉아 있다.
❷ 할아버지가 누워 계신다.

(3)
- ❶ 她穿着裙子。
- ❷ 这个人戴着眼镜。

- ❶ 그녀는 치마를 입고 있다.
- ❷ 이 사람은 안경을 쓰고 있다.

(4)
- ❶ 他拿着报纸。
- ❷ 这个学生背着书包。

- ❶ 그는 신문을 들고 있다.
- ❷ 이 학생은 책가방을 메고 있다.

(5)
- ❶ 墙上挂着一幅地图。
- ❷ 窗台上摆着一个花盆。

- ❶ 벽에 지도 한 폭이 걸려 있다.
- ❷ 창문턱에 화분 하나가 놓여 있다.

(6)
- ❶ 他走着去医院。
- ❷ 老师坐着休息。
- ❸ 他喜欢趴着看书。

- ❶ 그는 걸어서 병원에 간다.
- ❷ 선생님은 앉아서 쉬고 계신다.
- ❸ 그는 엎드려서 책 보는 것을 좋아한다.

❷ 구조조사 '地'

- ❶ 他非常努力地学习。
- ❷ 她生气地说。
- ❸ 他每天认认真真地写汉字。
- ❹ 孩子们高高兴兴地回家了。

- ❶ 그는 매우 열심히 공부한다.
- ❷ 그녀는 화가 나서 말한다.
- ❸ 그는 매일 성실하게 한자를 쓴다.
- ❹ 아이들은 즐겁게 집으로 돌아갔다.

❸ 형용사 중첩

- ❶ 他拿着一个大大的杯子。
- ❷ 桌子上放着一本厚厚的书。
- ❸ 他认认真真地回答老师的问题。
- ❹ 今天他早早就起床了。
- ❺ 她个子高高的，头发长长的。

- ❶ 그는 커다란 잔을 들고 있다.
- ❷ 책상 위에 두꺼운 책이 한 권 놓여 있다.
- ❸ 그는 성실하게 선생님의 질문에 대답한다.
- ❹ 오늘 그는 일찍 일어났다.
- ❺ 그녀는 키가 크고, 머리가 길다.

내공 쌓기

1

妈妈 警察先生！出大事了！我的孩子丢了。哎呀，怎么办？	엄마 경찰 아저씨! 큰일 났어요! 아이를 잃어버렸어요. 아이고, 어떻게 하죠?
警察 您别着急，慢慢说。在哪儿丢了孩子？	경찰 조급해하지 말고 천천히 말씀해 보세요. 애를 어디에서 잃어버렸어요?
妈妈 不知道。刚才我带着孩子逛商店，可是现在孩子找不着了。	엄마 잘 모르겠어요. 방금 애를 데리고 쇼핑을 하고 있었는데, 지금 애를 찾을 수가 없어요.
警察 孩子几岁了？叫什么名字？	경찰 애가 몇 살이죠? 이름은요?
妈妈 六岁，叫亮(liàng)亮。是男孩儿。	엄마 여섯 살이고, 이름은 량량이고요. 남자아이예요.
警察 他穿着什么衣服？	경찰 애가 무슨 옷을 입고 있죠?
妈妈 穿着绿色的T恤(Txù, 티셔츠)，白色的裤子(kùzi, 바지)。	엄마 초록색 티셔츠와 흰색 바지를 입고 있어요.
警察 好，长得什么样子？	경찰 네, 어떻게 생겼죠?
妈妈 他个子不太高，有点儿胖，头发短短的。	엄마 키는 별로 안 크고 조금 뚱뚱해요. 머리카락은 짧아요.
警察 好，您放心。我会帮您找到孩子的。我们先去玩具店(wánjùdiàn, 장난감 가게)找吧！	경찰 네, 안심하세요. 제가 찾을 수 있을 거예요. 우선 장난감 가게에 가서 찾아봅시다.

2

这是我们的教室，电灯(diàndēng, 전등)开着，教室门也开着。现在是休息时间，有的同学和老师说着话，有的同学睡着觉，有的同学在看着书，还有的同学在门外喝着咖啡。	이곳은 우리 교실이다. 전등이 켜져 있고, 교실 문도 열려 있다. 지금은 쉬는 시간이다. 어떤 학생은 선생님과 대화하고 있고, 어떤 학생은 잠을 자고 있고, 어떤 학생은 책을 보고 있다. 또 다른 학생은 문 밖에서 커피를 마시고 있다.

3

> **녹음대본**
>
> 这是直美和莉莉的房间。门上写着"301", 门旁边挂着一个书包，门口放着两双鞋。窗户旁边放着两张床，床旁边放着两张桌子。左边的桌子上摆着一个台灯和一张照片，右边的桌子上放着一个电话。窗台上摆着花。
>
> 이곳은 나오미와 릴리의 방이다. 문에는 '301'이라고 쓰여 있다. 문 옆에는 책가방이 하나 걸려 있고, 입구에는 신발 두 켤레가 놓여 있다. 창문 옆에는 침대 두 개가 놓여 있고, 침대 옆에는 책상 두 개가 놓여 있다. 왼쪽 책상 위에는 스탠드와 사진이 놓여 있고, 오른쪽 책상 위에는 전화가 놓여 있다. 창문턱에는 꽃이 놓여 있다.

03

어법 다지기 | 문제로 확인

1 결과보어

(1)
- ① 黑板擦干净了。 — ① 칠판을 깨끗하게 닦았다.
- ② 房间打扫干净了。 — ② 방을 깨끗하게 청소했다.

(2)
- ① 吃完饭了。 — ① 밥을 다 먹었다.
- ② 卖完苹果了。 — ② 사과를 다 팔았다.

(3)
- ① 坐错车了。 — ① 차를 잘못 탔다.
- ② 拿错书包了。 — ② 책가방을 잘못 가져왔다.

(4)
- ① 做好饭了。 — ① 밥을 다 했다.
- ② 穿好鞋了。 — ② 신발을 다 신었다.

2 결과보어 '到'

- ① 他最近挺忙的，周末也要工作到晚上。 — ① 그는 요즘 너무 바빠서 주말에도 저녁까지 일해야 한다.
- ② 我要在北京住到下个星期。 — ② 나는 베이징에서 다음 주까지 머무를 것이다.
- ③ 从你们学校骑到医院要多长时间？ — ③ 너희 학교에서 병원까지 자전거를 타면 얼마나 걸리지?

모범답안 & 녹음대본

- ① 她找到手表了。　　　① 그녀는 손목시계를 찾았다.
- ② 他接到朋友了。　　　② 그는 친구를 맞이했다.
- ③ 她看到长城了。　　　③ 그녀는 만리장성을 보았다.

❸ 一……就……

(1)
- ① 我一下课就去图书馆。　　　① 나는 수업이 끝나자마자 도서관으로 간다.
- ② 我们一考完试就回国。　　　② 우리는 시험이 끝나자마자 귀국한다.
- ③ 孩子一吃完饭就看电视。　　③ 아이는 밥을 다 먹자마자 텔레비전을 본다.

(2)
- ① 天一晴，他们就出去踢足球了。　① 날이 개자, 그들은 축구를 하러 나갔다.
- ② 秋天一到，天气就凉快了。　　　② 가을이 되자, 날씨가 선선해졌다.
- ③ 天一亮(liàng, 밝다)，我们就出发。③ 날이 밝자마자 우리는 출발한다.

❹ 결과보어 '住'

- ① A 她站住了吗?　　　　　① A 그녀는 멈춰 섰습니까?
  　B 她站住了。　　　　　　　B 그녀는 멈춰 섰습니다.
- ② A 他记住生词了没有?　　② A 그는 새 단어를 외웠습니까?
  　B 他没记住生词。　　　　　B 그는 새 단어를 못 외웠습니다.
- ③ A 汽车停住了没有?　　　③ A 자동차는 멈춰 섰습니까?
  　B 汽车停住了。　　　　　　B 자동차는 멈춰 섰습니다.

내공 쌓기

1
- ① A 喂，是留学生办公室吗?　　　① A 여보세요, 유학생 사무실인가요?
  　B 不是，这里是国际(guójì, 국제)交流中心。　B 아니요, 여기는 국제교류센터입니다.
  　A 不好意思。我好像(hǎoxiàng, 마치 ~과 같다)打错了。　A 죄송합니다. 전화를 잘못 건 것 같네요.
  　B 没事儿。　　　　　　　　　　B 괜찮습니다.

모범답안 & 녹음대본　193

❷ A 喂，您好！是中文系办公室吗？
B 喂，是的。
A 请问，李老师在吗？
B 他不在。您是哪位？
A 我是留学生保罗。您知道他去哪儿了吗？
B 不知道。您有什么事情？
A 今天我身体不太舒服，不能参加课外(kèwài, 과외)活动(huódòng, 활동)了。麻烦您转告他一下儿，今天我想请假(qǐngjià, 휴가를 받다)，好吗？
B 好的，没问题。

❷ A 여보세요, 중문과 사무실인가요?
B 네, 맞습니다.
A 실례지만 리 선생님 계신가요?
B 안 계시는데요. 누구시죠?
A 저는 유학생 폴입니다. 리 선생님 어디 가셨는지 아시나요?
B 모릅니다. 무슨 일이세요?
A 오늘 제가 몸이 안 좋아서 과외 활동에 참가할 수 없을 것 같아서요. 죄송하지만 선생님께 오늘 참석 못 한다고 전해 주시겠어요?
B 네, 알겠습니다.

2

先生打电话问小姐是不是"新新"商店。小姐告诉他："你打错了。"先生没听见小姐的声音。继续说，他在电视上看见她那儿卖的一件皮大衣，他想给他爱人买一件。小姐觉得他没听见，所以又说："你打错了。"先生还是没听清楚，要求再说一遍。小姐为了(wèile, ~을 위하여)让他听清楚，又说了一遍他打错电话了。可是先生还是听不到她说的话，接着对她说："卖完了，真遗憾！"

남자가 전화를 걸어 여자에게 '신신'상점이 맞는지 물었다. 여자가 그에게 말했다. "전화 잘못 거셨어요." 남자는 여자의 말을 듣지 못하고, 자신이 텔레비전에서 그곳에서 판매하는 가죽 외투를 보았는데, 아내에게 한 벌 사 주고 싶다고 말했다. 여자는 남자가 듣지 못했다고 생각해서 다시 말했다. "전화 잘못 거셨어요." 남자는 또 잘 못 들어서 다시 말해 달라고 했다. 여자는 그가 잘 들을 수 있도록 다시 그에게 전화를 잘못 걸었다고 말했다. 그러나 남자는 그녀의 말을 듣지 못하고, 그녀에게 말했다. "다 팔렸다니, 정말 아쉽네요!"

3

❶ 他看见了一位女客人只穿着内衣。

❷ 他对客人说了："先生，您应该穿好衣服，房间里有点儿冷。"

❸ 他对客人说了："哎呀，刚才我看错了，原来您是一位漂亮的女士！"

❹ 他没有看错。

❶ 그는 한 여자 손님이 속옷만 입고 있는 것을 보았다.

❷ 그는 손님에게 말했다. "선생님, 방이 좀 썰렁하니 옷을 다 입으셔야 겠어요."

❸ 그는 손님에게 말했다. "아이고, 방금 제가 잘못 봤네요. 알고 보니 예쁜 여성분이셨군요!"

❹ 그는 잘못 보지 않았다.

녹음대본

一个饭店的男服务员早上去给客人打扫房间。他看见一位女客人只穿着内衣，就一边打扫房间一边说："先生，您应该穿好衣服，房间里有点儿冷。"等那位客人穿好衣服以后，他又说："哎呀，刚才我看错了，原来您是一位漂亮的女士！"

한 호텔의 남자 직원이 아침에 투숙객의 방을 청소하러 갔다. 그는 한 여자 손님이 속옷만 입고 있는 것을 보고, 방을 청소하며 말했다. "선생님, 방이 좀 썰렁하니 옷을 다 입으셔야 겠어요." 그 손님이 옷을 다 입기를 기다렸다가 그는 또 말했다. "아이고, 방금 제가 잘못 봤네요. 알고 보니 예쁜 여성분이셨군요!"

04

어법 다지기 | 문제로 확인

1 방향보어

- ① 照相机你带来了吧？我们在这儿照张相，好吗？
- ② 妈妈给我寄来一盒巧克力。
- ③ 经理在楼下问服务员："303房间要的报纸，你送去了吗？"
- ④ A 你去哪儿了？
  B 我去图书馆了。你看，这是我借来的小说和杂志。
- ⑤ 这些书你要拿到哪儿去？

- ① 너 카메라 가져왔지? 우리 여기서 사진 찍을까?
- ② 엄마가 나에게 초콜릿 한 통을 보내 주셨다.
- ③ 사장이 아래층에서 직원에게 물었다. "303호에서 요청한 신문을 갖다 드렸어요?"
- ④ A 너 어디 갔었어?
  B 도서관 갔었어. 봐봐, 내가 빌려 온 소설과 잡지야.
- ⑤ 이 책들을 어디로 가져가려고요?

- ① 快下来!
- ② 山上的风景真美，你们快上来吧!
- ③ 妈妈，您看，爸爸过来。
- ④ 时间不早了，我该回去。

- ① 빨리 내려와!
- ② 산 위의 경치가 정말 아름다워, 빨리 올라와!
- ③ 엄마, 봐요, 아빠가 와요.
- ④ 시간이 늦었으니 돌아가야겠어.

- ① 好孩子，走过来。
- ② 老师进来了，学生们站起来。
- ③ 我帮您拿过去。
- ④ 汽车从他旁边开过去。

- ① 예쁜 아기가 걸어온다.
- ② 선생님이 들어오시자, 학생들이 일어났다.
- ③ 제가 들어다 드릴게요.
- ④ 자동차가 그의 옆으로 지나갔다.

❶ 小雨回家去了。	❶ 샤오위는 집에 돌아갔다.
❷ 他跑进教室来。	❷ 그가 교실로 뛰어 들어왔다.
❸ 他们走下山去。	❸ 그들은 산을 걸어 내려갔다.

❷ 겸어문

❶ 英男请这位先生帮他们照相。	❶ 영남이는 이 남자에게 사진을 찍어 달라고 부탁한다.
❷ 莉莉请这位小姐帮她开门。	❷ 릴리는 이 여자에게 문을 열어 달라고 부탁한다.
❸ 妈妈让小雨打扫房间。	❸ 엄마는 샤오위에게 방 청소를 하라고 한다.
❹ 直美的朋友叫直美去逛商店。	❹ 나오미의 친구는 나오미에게 쇼핑하러 가자고 한다.

❸ 要是……就……

❶ 要是明天下大雨，我们就不出去了。	❶ 내일 비가 많이 오면 우리는 나가지 않을 거예요.
❷ 要是你骑车的技术不太高，就坐巴士(bāshì, 버스)上下班吧。	❷ 자전거를 잘 못 탄다면 버스를 타고 출퇴근하세요.
❸ 我要是有很多钱，就要买我喜欢的东西。	❸ 나는 만약 돈이 아주 많다면, 내가 좋아하는 물건을 살 거예요.
❹ 要是喜欢吃这个菜，你就多吃点儿。	❹ 이 요리를 좋아하시면 많이 드세요.
❺ 要是没什么事情，你就早点儿回去吧。	❺ 별일 없으면 좀 일찍 들어가세요.

내공 쌓기

1

❶ A 你正在做作业吧？不妨碍你吗？ B 没关系，快进来吧。 A 那打扰你了。	❶ A 너 숙제하고 있었지? 방해되는 거 아니야? B 괜찮아. 어서 들어와. A 그럼 실례 좀 할게.
❷ A 真抱歉，我迟到了。 B 没什么。	❷ A 늦어서 정말 죄송합니다. B 괜찮아요.

모범답안 & 녹음대본

❸ A 这是你叫我帮你翻译的文章。
　B 还麻烦你给我送来，真不好意思。
　A 你太客气了。

❹ A 挺大的吧？要我帮忙吗？
　B 不用了。

❺ A 对不起，打扰你们一下儿。
　B 别客气，你说吧。
　A 我现在得去接孩子，要是我的朋友来了，你就让他先吃饭。
　B 没问题。

❻ 告诉她我正在开会。多谢了。

❸ A 이거 네가 번역 도와 달라고 했던 글이야.
　B 번거롭게 가져다주기까지 하고, 정말 미안해.
　A 별말을 다 한다.

❹ A 너무 크지? 내가 도와줄까?
　B 괜찮아.

❺ A 미안한데 부탁 좀 할게.
　B 괜찮아, 말해 봐.
　A 나 지금 아이를 데리러 가야 하거든. 만약 내 친구가 오면, 먼저 밥 먹으라고 해.
　B 알았어.

❻ 내가 회의 중이라고 그녀에게 말해 주세요. 고마워요.

2

❶ 真抱歉，我又来晚了。
❷ 麻烦你帮我买一瓶矿泉水，好吗？
❸ 我开着电视，妨碍你学习吗？
❹ 你拿的东西太多了，要我帮忙吗？
❺ A 你能帮我修一下儿自行车吗？
　B 没问题。
❻ A 雨下得这么大，你还来接我，真不好意思。
　B 你太客气了。
❼ 对不起，打扰你一下儿，这个字怎么念？
❽ A 点了这么多菜，能吃完吗？
　B 没问题。
❾ A 这次你帮了我一个大忙，多谢了！
　B 没什么。

❶ 정말 미안해요. 제가 또 늦었네요.
❷ 미안한데 생수 한 병 사다 주시겠어요?
❸ 내가 텔레비전을 켜 놓으면 네 공부에 방해되니?
❹ 너 너무 많이 들고 있는데, 내가 도와줄까?
❺ A 내 자전거 좀 고쳐 줄 수 있겠니?
　B 물론이지.
❻ A 비가 이렇게 쏟아지는데 나를 마중 나오다니, 정말 미안하네.
　B 별말을 다 한다.
❼ 죄송하지만 실례 좀 할게요. 이 글자 어떻게 읽어요?
❽ A 이렇게 많은 음식을 주문하다니, 다 먹을 수 있겠니?
　B 물론이지.
❾ A 이번에 큰 도움 주셔서, 정말 감사합니다!
　B 별거 아닙니다.

3

A 喂，你在宿舍吗?
B 不是，我在外边，正在在商店买东西呢。
A 你太忙了。我已经帮你买了一些北京特产，马上到你的宿舍。
B 啊，谢谢你! 这么快就到了吗? 这样吧。我的同屋在房间，你先进房间去等我，好吗?
A 好的，知道了。你不用着急，慢慢来吧。
* * * * * * * * * * * *
A 你好! 我是B的朋友A。
C 你好! 我是B的同屋C。刚才受到了B的电话。请你快进来!
A 麻烦你了。不妨碍你吗?
C 没关系，我也正在等我的朋友。
B 我回来了。真不好意思，让你久等了。
A 没什么，这是我帮你买的一些北京特产。
B 真不好意思，还麻烦你给我送来。
A 你太客气了。你买了这么多东西?
B 这些东西我准备寄回去一部分，自己带回去一部分。

A 여보세요, 너 기숙사에 있니?
B 아니, 나 밖이야. 상점에서 물건 사고 있어.
A 너 바쁘구나. 나 벌써 너에게 줄 베이징 특산품을 샀거든. 곧 너희 기숙사에 도착해.
B 아, 고마워! 이렇게 빨리 왔어? 이렇게 하자. 내 룸메이트가 기숙사에 있어. 네가 먼저 가서 기다리고 있는 게 어때?
A 그래, 알았어. 서두르지 말고 천천히 와.
* * * * * * * * * * * *
A 안녕하세요! 저는 B의 친구 A예요.
C 안녕하세요! 저는 B의 룸메이트 C예요. 방금 B한테 전화 받았어요. 어서 들어오세요!
A 실례합니다. 제가 방해하는 거 아닌가요?
C 아니에요. 저도 친구를 기다리고 있었어요.
B 나 왔어. 오래 기다리게 해서 미안해.
A 아니야, 이거 네가 사달라고 한 베이징 특산품이야.
B 번거롭게 가져다주기까지 하고, 정말 미안해.
A 별소리를 다 한다. 너 이렇게 많이 샀어?
B 이 중에서 일부는 부치고, 일부는 내가 가지고 갈 거야.

4

观众朋友们，A队跟B队的足球比赛马上就要开始了。A队和B队的足球运动员走进体育场了。今天的比赛正式开始了。A队前锋(qiánfēng, 공격수)运动员跑得很快，带球能力也非常好。离下半场结束还有五分钟的时候，他终于踢进了一个球，A队胜利了。A队的观众都站起来欢呼了。

관중 여러분, A팀 대 B팀의 축구 경기가 곧 시작합니다. A팀과 B팀의 선수들이 운동장에 들어옵니다. 오늘 시합이 정식으로 시작되었습니다. A팀의 공격수는 빠르게 달리고 드리블 능력도 매우 뛰어납니다. 후반전 종료 5분이 남았을 때 그가 마침내 한 골을 넣었고, A팀이 이겼습니다. A팀의 관중들은 모두 일어나 환호했습니다.

5

❶ C   ❷ A   ❸ C   ❹ C

녹음대본

一天，王先生跟他爱人吵架了。王先生生气地说：“带走你的东西，别回来了！”他爱人听了，哭着跑进房间去。过了一会儿，她从房间里拿出来一个大袋子，对王先生说：“你进袋子里去吧。”王先生说：“你要做什么？”他爱人回答：“你让我带走我的东西，你也是我的，我当然要带走。”

어느 날, 왕 선생은 아내와 말다툼을 했다. 왕 선생은 화를 내며 말했다. "당신 물건 가지고 가고, 돌아오지 말아요!" 그의 아내가 듣고 울면서 방으로 뛰어 들어갔다. 잠시 후, 그녀는 방에서 커다란 자루를 하나 들고 나와 왕 선생에게 말했다. "자루 안으로 들어가요." 왕 선생이 말했다. "뭘 하려고?" 아내가 대답했다. "내 물건 가지고 가라면서요. 당신도 내 것이니까 가지고 갈 거예요."

05

어법 다지기 | 문제로 확인

1 가능보어

① 门太小了，<u>车开不进去</u>。 / 문이 너무 작아서 차가 들어갈 수 없다.

② 老师讲得很清楚，<u>我们都听得懂</u>。 / 선생님의 강의가 명확하여 우리는 모두 이해할 수 있다.

③ 他的电话号码太长了，<u>我记不住</u>。 / 그의 전화번호가 너무 길어서 나는 기억할 수 없다.

④ 作业太多了，<u>到今天做不完</u>。 / 숙제가 너무 많아서 오늘까지 다 할 수 없다.

⑤ 这件衣服太脏了，<u>洗也洗不干净</u>。 / 이 옷은 너무 더러워서 빨아도 깨끗이 빨 수 없다.

2 가능보어 '了(liǎo)'

① 这件衣服太瘦了，<u>穿不了</u>。 / 이 옷은 너무 껴서 입을 수 없다.

② 咖啡太烫了，<u>喝不了</u>。 / 커피가 너무 뜨거워서 마실 수 없다.

③ 她带的钱太少了，<u>买不了</u>。 / 그녀가 가져온 돈이 너무 적어서 살 수 없다.

④ A 你别忘了我们啊！
B 放心吧，<u>忘不了</u>。
/ A 너 우리 잊으면 안 돼!
B 걱정하지 마. 잊지 못할 거야.

⑤ A 今天会不会下雨？要不要带伞？
B 天气这么好，<u>下不了雨</u>。
/ A 오늘 비가 올까? 우산을 가져가야 할까?
B 날씨가 이렇게나 좋으니, 비가 안 올 거야.

⑥	A 明天早上六点出发，你别起晚了。 B 我上了闹钟，晚不了。	⑥	A 내일 아침 6시에 출발하니까 늦게 일어나지 마. B 시계 알람 맞춰서 늦을리가 없어.
⑦	咱们点的菜太多了，吃不了。	⑦	주문한 음식이 너무 많아서 다 먹을 수 없어.
⑧	嗬！这么多酒，喝得了吗？	⑧	와! 이렇게 많은 술을 다 마실 수 있니?

❸ 怎么(能)……呢

①	你每天睡得太晚，早上怎么起得来呢？	①	당신은 매일 너무 늦게 자는데, 아침에 어떻게 일찍 일어나겠어요?
②	这么瘦，我怎么穿得了呢？	②	이렇게 꼭 끼는데, 어떻게 입을 수 있겠어요?
③	他说的是上海话，你怎么听得懂呢？	③	그가 상하이어로 말하는데, 당신이 어떻게 알아들을 수 있겠어요?
④	他没告诉过我，我怎么能知道呢？	④	그가 나에게 알려주지 않았는데, 내가 어떻게 알 수 있겠어요?
⑤	那还用说，怎么能不想呢？	⑤	말할 것도 없죠. 어떻게 그립지 않겠어요?

내공 쌓기

1

① 英男	要是你和直美明天晚上有时间的话，我想请你们吃饭。	① 영남	만약 너랑 나오미가 내일 저녁에 시간 되면 내가 밥을 사고 싶은데.
莉莉	好啊，我有空。有什么事？	릴리	좋지. 나는 시간 돼. 무슨 일인데?
英男	明天就是我的生日，我想请你们一起去韩国餐厅吃韩国烤肉。你吃过韩国烤肉吗？	영남	내일 내 생일이야. 너희와 같이 한국 식당에 가서 한국 불고기를 먹고 싶어. 너 한국 불고기 먹어 봤니?
莉莉	明天是你的生日？恭喜，恭喜！我还没吃过，我很想吃正宗的韩国菜呢。	릴리	내일이 네 생일이야? 축하해! 아직 안 먹어 봤어. 나 정통 한국요리를 먹어 보고 싶었어.
英男	谢谢你。直美去得了去不了？	영남	고마워. 나오미는 갈 수 있을까?
莉莉	她肯定去得了。	릴리	분명 갈 수 있을 거야.
英男	好！那晚上六点宿舍门口见面吧。	영남	좋아! 그럼 저녁 6시에 기숙사 입구에서 만나자.

❷ 莉莉 明天是英男的生日，你知道吗？
直美 是吗？我不知道。
莉莉 他邀请我们明天晚上一起去韩国餐厅吃韩国烤肉，你没事的话，跟我去吧。
直美 当然要去！对了，几点在哪儿见面？我明天从四点到五点有汉语辅导课。
莉莉 没问题，我们约好六点在宿舍门口见面。
直美 太好了，我六点之前一定回得来。我要给他准备生日礼物。

❷ 릴리 내일 영남이 생일이래. 너 알고 있어?
나오미 그래? 몰랐는데.
릴리 영남이가 내일 저녁에 같이 한국 식당에 가서 한국 불고기를 먹자고 초대했어. 별일 없으면 같이 가자.
나오미 당연히 가야지! 맞다, 몇 시에 어디에서 보는 거야? 나 내일 4시부터 5시까지 중국어 과외 수업이 있어.
릴리 문제없어. 6시에 기숙사 입구에서 만나기로 했어.
나오미 잘됐다. 6시 전에 올 수 있어. 영남이에게 줄 생일 선물을 준비해야겠다.

2 明天下午，留学生队跟中国学生队有一场足球赛，保罗和同学们练习的时候，他摔倒了。腿受伤了，走几步就走不了了。朋友们扶着他去医院。中国医生看他的腿后，问他："你听得懂汉语吗？"保罗说："您慢慢说的话，我听得懂。"医生慢慢地给他说明："不是重伤的，多休息就好得了。"保罗问医生："明天有一场足球比赛，我能参加吗？"医生说："不行，一定要休息！"出医院后，他告诉朋友："我明天参加不了比赛了。"

내일 오후 유학생 팀과 중국 학생 팀의 축구 시합이 있다. 폴은 친구들과 연습을 할 때 넘어졌다. 다리를 다쳐서 몇 걸음 걸어 보았지만 걸을 수가 없었다. 친구들이 그를 부축하여 병원에 갔다. 중국 의사가 그의 다리를 보고는 그에게 물었다. "중국어를 알아들을 수 있어요?" 폴이 말했다. "천천히 말씀하시면 알아들을 수 있어요." 의사가 천천히 그에게 설명해 주었다. "크게 다친 건 아니에요. 많이 쉬면 좋아질 거예요." 폴이 의사에게 물었다. "내일 축구 시합이 있는데 참가할 수 있을까요?" 의사가 말하길, "안 돼요. 반드시 쉬어야 해요!" 병원을 나온 후 폴은 친구에게 말했다. "난 내일 시합에 참가할 수 없어."

3 因为那位大夫的话他都听得懂，药方上的字也看得清楚。

왜냐하면 그 의사의 말을 그가 모두 알아들을 수 있고, 처방전의 글자도 잘 보이기 때문이다.

녹음대본

一个病人看完病以后，有点儿紧张地问大夫："您不是真的大夫吧？"大夫说："为什么？"病人回答："以前我看病的时候，大夫们的话我常常听不懂，药方上的字我也看不清楚。可是，您的话我都听得懂，药方上的字我也看得清楚。所以，您怎么可能是真的大夫呢？"

한 환자가 진료를 마친 후, 약간 긴장하며 의사에게 물었다. "선생님은 진짜 의사가 아니지요?" 의사가 말했다. "왜 그러시죠?" 환자가 대답했다. "예전에 진찰받을 때는 자주 의사의 말을 알아들을 수 없었고, 처방전의 글자도 잘 안 보였어요. 그런데, 선생님의 말은 다 알아들을 수 있고, 처방전의 글자도 잘 보여요. 그러니 당신이 어떻게 진짜 의사일 수 있겠어요?"

복습 1

Tīngting 듣기

1 (1) ✕   (2) ○   (3) ✕

> 녹음대본

一位先生打电话问一位小姐她那里是不是"新新"商店。小姐告诉他:"你打错了。"先生好像没听见小姐的声音,还是继续说,他在电视上看见她那儿卖的一件皮大衣,他想给他爱人买一件。小姐觉得他没听清楚,又说了一遍:"你打错了。"先生还是没听清楚,要求再说一遍。小姐让他听清楚,又说他打错电话了。可是先生好像还是听不清楚她说的话,还接着对她说:"卖完了,真遗憾!"	한 남자가 전화를 걸어 여자에게 '신신'상점이 맞는지 물었다. 여자가 그에게 말했다. "전화 잘못 거셨어요." 남자는 여자의 말을 듣지 못한 것 같았고, 자신이 텔레비전에서 그곳에서 판매하는 가죽 외투를 보았는데, 아내에게 한 벌 사주고 싶다고 계속해서 말했다. 여자는 남자가 듣지 못했다고 생각해서 다시 말했다. "전화 잘못 거셨어요." 남자는 또 잘 듣지 못하고, 다시 말해달라고 했다. 여자는 그가 잘 들을 수 있도록 그에게 전화를 잘못 걸었다고 다시 말했다. 그러나 남자는 여전히 그녀의 말을 잘 알아듣지 못했는지 그녀에게 말했다. "다 팔렸다니, 아쉽네요!"

2

(1) 那个女人在跟警察说话。 (2) 孩子穿着白色的T恤,蓝色的裙子。 (3) 因为丢了孩子,很着急。	(1) 여자는 경찰과 이야기하고 있다. (2) 아이는 흰색 티셔츠와 파란색 치마를 입고 있다. (3) 아이를 잃어버려서 매우 초조하다.

> 녹음대본

妈妈	警察先生!出大事了!我的孩子丢了,哎呀,这可怎么办?	엄마	경찰 아저씨! 큰일 났어요! 아이를 잃어버렸어요. 아이고, 어떻게 하죠?
警察	你别着急,慢慢说。孩子是在哪儿丢的?	경찰	조급해하지 말고 천천히 말씀하세요. 애를 어디에서 잃어버렸어요?
妈妈	不知道。刚才我带着孩子逛商店,可是现在孩子找不着了。	엄마	잘 모르겠어요. 방금 아이를 데리고 쇼핑을 하고 있었는데, 지금 아이를 찾을 수가 없어요.
警察	孩子几岁了?叫什么名字?	경찰	아이가 몇 살이죠? 이름은요?
妈妈	七岁,叫青青。是女孩儿。	엄마	일곱 살이고, 이름은 칭칭이에요. 여자아이예요.
警察	她穿着什么衣服?	경찰	아이가 무슨 옷을 입고 있죠?
妈妈	穿着白色的T恤,蓝色的裙子。	엄마	흰색 티셔츠와 파란색 치마를 입고 있어요.
警察	好,长什么样子?	경찰	네, 어떻게 생겼죠?
妈妈	她个子比较高,有点儿瘦,头发长长的。	엄마	키가 큰 편이고, 조금 말랐어요. 머리카락이 길어요.
警察	好,您放心。我会尽快帮您找到孩子。	경찰	네, 걱정 마세요. 가능한 빨리 아이를 찾을게요.

3

明天是英男的生日。英男想请莉莉和直美吃饭，所以给莉莉打电话问她们明天有没有时间。莉莉说有时间，还说直美也肯定去得了。他们约好明天中午12点在学校正门见。他们要去韩国餐厅吃韩国烤肉。

내일은 영남이의 생일이다. 영남이는 릴리와 나오미에게 음식을 대접하고 싶어서 릴리에게 전화를 걸어 내일 시간이 있는지 물어보았다. 릴리는 시간이 있고, 나오미도 분명 갈 수 있을 거라고 말했다. 그들은 내일 정오 12시에 학교 정문에서 만나기로 했다. 그들은 한국 식당에 가서 한국 불고기를 먹을 것이다.

녹음대본

英男　喂，莉莉，我是英男。要是你和直美明天中午有时间的话，我想请你们吃饭。
莉莉　好啊，我有空。有什么事？
英男　明天是我的生日，我想请你们一起去韩国餐厅吃韩国烤肉。你吃过韩国烤肉吗？
莉莉　明天是你的生日？祝你生日快乐！我还没吃过韩国烤肉，我很想吃正宗的韩国菜。
英男　谢谢你。直美去得了去不了？
莉莉　她肯定去得了。
英男　好！那明天中午12点学校正门见吧。

영남　여보세요, 릴리, 나 영남이야. 만약 너랑 나오미가 내일 점심에 시간 되면 내가 밥을 사고 싶은데.
릴리　좋지. 나는 시간 돼. 무슨 일인데?
영남　내일 내 생일이야. 너희와 같이 한국 식당에 가서 한국 불고기를 먹고 싶어. 너 한국 불고기 먹어 봤니?
릴리　내일이 네 생일이야? 생일 축하해! 한국 불고기 아직 안 먹어 봤어. 나 정통 한국요리를 먹어 보고 싶었어.
영남　고마워. 나오미는 갈 수 있을까?
릴리　분명 갈 수 있을 거야.
영남　좋아! 그럼 내일 정오 12시에 학교 정문에서 만나자.

Dúdu 읽기

1
(1) 爸爸正在沙发上坐着看电视。
(2) 小丽在自己的房间里听着音乐做作业。

(1) 아버지는 소파에 앉아 텔레비전을 보고 계신다.
(2) 샤오리는 자기 방에서 음악을 들으며 숙제를 하고 있다.

2　(1) ✕　　(2) ○　　(3) ✕

Shuōshuo 말하기

1
我去过中国桂林，是去年跟家人一起去的。坐飞机去桂林，需要4个半小时。桂林是中国最有名的旅游区之一。人们都说"桂林山水甲天下"。那儿的风景真的十分美丽。桂林有名的风味菜和小吃我差不多都吃过，真好吃。我下次还想去桂林玩儿。

나는 중국 구이린에 가 본 적 있다. 작년에 가족들과 함께 갔었다. 비행기를 타고 구이린에 가면 4시간 반이 걸린다. 구이린은 중국에서 제일 유명한 관광지 중 하나이다. 사람들은 "구이린의 산수가 천하제일이다"라고 말한다. 그곳의 풍경은 정말 아름답다. 구이린에서 유명한 특색요리와 먹거리들을 나는 거의 먹어 봤는데, 정말 맛있었다. 다음에 구이린에 또 놀러 가고 싶다.

2

我的房间很干净。门开着，电灯也开着。房间里有一张床和一张桌子。在桌子上放着一台笔记本电脑和一本汉语词典。窗台上摆着一个花盆，墙上挂着一幅画。我在床上躺着听音乐，我家的小狗在地上趴着睡觉。

내 방은 매우 깨끗하다. 문이 열려 있고, 등도 켜져 있다. 방에는 침대 하나와 책상 하나가 있다. 책상 위에는 노트북과 중국어 사전이 하나 놓여 있다. 창문턱에는 화분이 놓여 있고, 벽에는 그림이 걸려 있다. 나는 침대에 누워 음악을 듣고 있고, 우리 집 강아지는 바닥에 엎드려 자고 있다.

3

A 喂，我是英男。你明天下午有时间吗?
B 你好英男! 有什么事?
A 考试终于结束了嘛。心情轻松多了，我们尽情玩儿吧。
B 好啊，去哪儿玩儿好呢?
A 去○○商场怎么样? 逛逛街，吃点好吃的。对了，我还有特别想看的电影。最近有很多有趣的电影。
B 好主意，那咱们明天在哪儿见?
A 你能不能到我这儿来?
B 可以。我明天三点到你的宿舍。
A 好，明天见。

A 여보세요, 나 영남이야. 너 내일 오후에 시간 있니?
B 영남아 안녕! 무슨 일이야?
A 시험이 드디어 끝났잖아. 마음도 홀가분한데, 우리 내일 실컷 놀자.
B 좋아, 어디 가서 노는 게 좋을까?
A ○○쇼핑몰에서 만날까? 쇼핑도 하고, 맛있는 것도 먹고. 맞다, 나 진짜 보고 싶은 영화도 있어. 요즘 재미있는 영화가 많아.
B 좋은 생각이야. 그럼 내일 어디에서 만날까?
A 네가 내 쪽으로 올 수 있어?
B 그래. 내가 내일 3시에 너희 기숙사로 갈게.
A 좋아, 내일 보자.

Xiěxie 쓰기

1

(1) 告诉他我<u>马上</u>就回来。
(2) 有中文字幕，大概的意思你<u>肯定</u>看得懂。
(3) 我<u>从来</u>没学过汉语歌。
(4) 我去朋友那儿了，<u>一直</u>待到十点才回来。

(1) 내가 곧 돌아올 거라고 그에게 전해 주세요.
(2) 중국어 자막이 있어서, 대략적인 뜻은 분명 이해할 수 있을 거예요.
(3) 나는 여태껏 중국어 노래를 배워 본 적이 없다.
(4) 나는 친구한테 가서 10시까지 줄곧 있다가 돌아왔다.

2

(1) <u>要是</u>丹尼尔来了，你就让他等我一下儿。　만약 다니엘이 오면 그에게 잠깐 기다리라고 해 주세요.
(2) 我们已经学<u>到</u>二十三课了。　우리는 벌써 23과<u>까지</u> 배웠다.
(3) 对不起，我<u>没听清楚</u>，请再说一遍，好吗?　죄송하지만 잘 못 들었어요. 다시 한번 말씀해 주시겠어요?

3 (1) 나는 중국어 외에 영어와 일어도 할 줄 압니다. → 我除了汉语以外，还会说英语和日语。

(2) 오래 기다리게 해서 정말 미안합니다. → 真抱歉，让你久等了。

(3) 죄송하지만 그에게 말씀 좀 전해 주시겠어요? → 麻烦您转告他一件事，行吗?

(4) 폴은 의자에 앉아 있고, 영남이는 침대에 누워 있다. → 保罗在椅子上坐着，英男在床上躺着。

06

어법 다지기 | 문제로 확인

❶ '比'를 사용한 비교문

(1)
❶ 泰山比香山高。	❶ 타이산은 상산보다 높다.
❷ 张三比李四壮。	❷ 장싼은 리쓰보다 건장하다.
❸ 哥哥的成绩比妹妹的成绩好。	❸ 오빠의 성적이 여동생의 성적보다 좋다.
❹ 小雨的姐姐比小雨起得早。	❹ 샤오위의 누나는 샤오위보다 일찍 일어난다.

(2)
❶ 爸爸很忙，妈妈比爸爸更忙。	❶ 아버지는 매우 바쁘시다. 어머니는 아버지보다 더 바쁘시다.
❷ 四川菜很辣，韩国菜比四川菜还辣。	❷ 쓰촨요리는 맵다. 한국요리는 쓰촨요리보다 더 맵다.
❸ 莉莉的词典比较厚，直美的词典比莉莉的更厚。	❸ 릴리의 사전은 두꺼운 편이다. 나오미의 사전은 릴리의 사전보다 더 두껍다.

❶ A 我觉得今天比昨天热。 B 今天不比昨天热。	❶ A 오늘이 어제보다 더운 것 같아. B 오늘은 어제보다 덥지 않아.
❷ A 韩国语比汉语容易吧? B 韩国语没有汉语容易。	❷ A 한국어는 중국어보다 쉽죠? B 한국어는 중국어만큼 쉽지 않습니다.
❸ A 她是不是比你瘦? B 她不比我瘦。	❸ A 그녀는 너보다 말랐니? B 그녀는 나보다 안 말랐어.

❷ 수량보어

(1)
❶ 一斤苹果比一斤橘子贵四块钱。	❶ 사과 한 근이 귤 한 근보다 4위안 비싸다.
❷ 这条路比那条路宽五米。	❷ 이 길은 저 길보다 5m 넓다.
❸ 我大学毕业比他早一年。	❸ 나는 그보다 1년 일찍 대학을 졸업했다.

(2)
❶ 莉莉比小叶高一点儿。	❶ 릴리가 샤오예보다 조금 크다.
❷ 我的自行车比他的自行车新一点儿。	❷ 내 자전거가 그의 자전거보다 약간 새것이다.
❸ 我认识的汉字比我同屋认识的汉字少多了。	❸ 내가 아는 한자는 내 룸메이트가 아는 한자보다 많이 적다.
❹ 住饭店一个月比住宿舍一个月贵得多。	❹ 호텔에 한 달 묵는 것이 기숙사에 한 달 묵는 것보다 많이 비싸다.

❸ '跟……一样' 형식의 비교문

❶ ⓒ跟ⓓ一样，它们跟ⓐ和ⓑ不一样。	❶ ⓒ와 ⓓ는 같고, 그것들과 ⓐ와 ⓑ는 다르다.
❷ ⓐ跟ⓑ一样，它们跟ⓒ和ⓓ不一样。	❷ ⓐ와 ⓑ는 같고, 그것들과 ⓒ와 ⓓ는 다르다.

❶ A1班跟A2班学生一样多，教室不一样大。	❶ A1 반과 A2 반은 학생 수는 같은데, 교실 크기는 다르다.
❷ 东马路跟西马路一样长，不一样宽。	❷ 동쪽 도로와 서쪽 도로는 길이는 같은데, 넓이는 다르다.

❹ '有'나 '没有'를 사용한 비교문

❶ A 你的房间有你朋友的房间大吗？ B1 我的房间没有我朋友的房间大。 B2 我的房间比我朋友的房间大。 B3 我的房间跟我朋友的房间一样大。	❶ A 당신의 방은 친구의 방만큼 큽니까? B1 내 방은 내 친구의 방만큼 크지 않습니다. B2 내 방은 내 친구의 방보다 큽니다. B3 내 방은 내 친구의 방과 크기가 같습니다.

❷ A 你的汉语水平有你同屋高吗？
B1 我的汉语水平没有我同屋高。
B2 我的汉语水平比我同屋高。
B3 我的汉语水平跟我同屋一样高。

❸ A 坐船有坐火车快吗？
B1 坐船没有坐火车快。
B2 坐船不比坐火车快。
B3 坐船跟坐火车一样快。

❹ A 食堂的饭菜有饭馆的饭菜好吗？
B1 食堂的饭菜没有饭馆的饭菜好。
B2 食堂的饭菜比饭馆的饭菜好。
B3 食堂的饭菜跟饭馆的饭菜一样好。

❷ A 당신의 중국어 실력은 룸메이트만큼 높습니까？
B1 내 중국어 실력은 내 룸메이트만큼 높지 않습니다.
B2 내 중국어 실력은 내 룸메이트보다 높습니다.
B3 내 중국어 실력은 내 룸메이트와 같습니다.

❸ A 배를 타는 것은 기차를 타는 것만큼 빠릅니까？
B1 배를 타는 것은 기차를 타는 것만큼 빠르지 않습니다.
B2 배를 타는 것은 기차를 타는 것보다 빠르지 않습니다.
B3 배를 타는 것은 기차를 타는 것과 똑같이 빠릅니다.

❹ A 학교 식당의 밥은 음식점의 밥만큼 좋습니까？
B1 학교 식당의 밥은 음식점의 밥만큼 좋지 않습니다.
B2 학교 식당의 밥은 음식점의 밥보다 좋습니다.
B3 학교 식당의 밥은 음식점의 밥과 똑같이 좋습니다.

내공 쌓기

1

❶ A 吃晚饭后，我打算去散散步。您说去校园好，还是去公园好？
B 我建议你去公园散散步。
A 好，就听您的。

❷ A 我看，去中国大学本科留学你最好先入学汉语进修班学习。
B 我也这么想。我准备办进修班入学手续。

❶ A 저녁밥을 먹고 나서, 나는 산책을 하려고 해. 캠퍼스로 가는 게 좋을까, 공원으로 가는 게 좋을까?
B 산책하러 공원에 가는 게 좋을 것 같아.
A 좋아, 네 의견에 따를게.

❷ A 내가 보기에 중국대학 본과에서 유학하려면, 먼저 중국어 연수반에 입학해서 공부하는 게 제일 좋을 것 같아.
B 나도 그렇게 생각해. 나 연수반에 입학 수속 하려고 해.

❸ A 毕业以后，你有什么打算？
B 我希望到韩国去学习韩国文化，可是我女朋友不同意，我不知道怎么办好。
❹ 依我看，你还是跟女朋友去韩国留学吧。

❸ A 졸업한 후에 너는 어떻게 할 생각이니？
B 나는 한국에 가서 한국 문화를 공부하고 싶은데, 여자친구가 동의하지 않아서 어떻게 해야 좋을지 모르겠어.
❹ 내가 보기에 너 여자친구와 한국에 유학을 가는 게 좋겠어.

2

❶ A 7月份暑假的时候，我们一起去旅行吧。
B 好啊，去什么地方比较好呢？
A 我早就想去昆明，听说昆明是中国风景最美丽的城市。怎么样？
B 我也很想去，可是太远了。你知道从北京到昆明坐动车需要多长时间吗？
A 大概十几个小时吧。但是坐飞机的话，只要四个小时就到了。
B 坐飞机去肯定很舒服，但比坐火车贵得多。我们还是去别的地方吧。
A 好。那你觉得去西安好，还是去哈尔滨好？两个地方都不太远。
B 听说西安是非常有名的历史城市之一，如果你对中国古代历史感兴趣，我建议去西安比较好。
A 好的。我觉得比去哈尔滨更有意思。那就去西安吧。

❶ A 7월 여름방학 때 우리 같이 여행 가자.
B 좋아. 어디로 가는 게 좋을까?
A 나 예전부터 쿤밍에 가고 싶었어. 쿤밍은 중국에서 경치가 가장 아름다운 도시래. 어때?
B 나도 가 보고 싶어. 그렇지만 너무 멀다. 너 베이징에서 쿤밍까지 고속열차로 몇 시간 걸리는지 알아?
A 대략 열몇 시간일 걸. 하지만 비행기를 타면 4시간이면 도착해.
B 비행기를 타면 분명 편하겠지, 하지만 기차를 타는 것보다 많이 비싸. 우리 다른 곳에 가는 게 좋겠어.
A 그래. 그럼 시안에 가는 게 좋을까, 하얼빈에 가는 게 좋을까? 두 곳은 그리 멀지 않아.
B 듣자 하니 시안은 매우 유명한 역사 도시 중 하나래. 만약 네가 중국 고대 역사에 관심이 있다면 우리 시안에 가는 게 좋을 것 같아.
A 좋아. 하얼빈에 가는 것보다 더 재미있을 것 같아. 그럼 시안으로 가자.

❷ 小叶 妈妈，我跟你说，我有男朋友了。
妈妈 他是做什么工作的？
小叶 他是公司职员，今年27岁，比我大两岁。
妈妈 他月薪(yuèxīn, 월급)多少？
小叶 妈妈，总是问那个！五千多块，比我高一些。好吗？
妈妈 个子多高？
小叶 他1米78，比我高多了。你不想知道他爱不爱我？
妈妈 他身体健康吗？

❷ 샤오예 엄마, 나 남자친구 생겼어요.
엄마 무슨 일 하는 사람인데?
샤오예 회사원이고, 올해 27살이에요. 저보다 두 살 많아요.
엄마 월급은 얼마니?
샤오예 엄마, 맨날 그것만 묻지! 5천 위안 넘어요. 나보다 좀 더 많아요. 됐어요?
엄마 키는 몇이야?
샤오예 178cm예요. 나보다 훨씬 커요. 그가 날 사랑하는지는 안 궁금하세요?
엄마 몸은 건강하니?

小叶 很健康! 他喜欢运动。 妈妈 他会做饭吗? 小叶 会做，做得跟厨师(chúshī, 요리사) 差不多一样。	샤오예 아주 건강해요! 그는 운동을 좋아해요. 엄마 밥은 할 줄 아니? 샤오예 할 줄 알아요. 요리사만큼이나요.

3

❶ 我的女朋友比我大两岁，性格比我好得多，她的美貌(měimào, 미모)也跟女明星一样漂亮。	❶ 내 여자친구는 나보다 두 살 많고 성격은 나보다 훨씬 좋습니다. 그녀의 미모는 여배우처럼 예쁩니다.
❷ 我的学校比他的大一点儿，学生人数比他的多一些，专业课程(kèchéng, 교육과정)也跟他的学校不一样。	❷ 우리 학교는 그의 학교보다 좀 더 크고, 학생 수는 그의 학교보다 좀 더 많습니다. 전공과목도 그의 학교와 같지 않습니다.

4

依我看，在国内生活比在国外生活更方便，工作上语言方面的压力(yālì, 스트레스)确实没有那么大。但是因为我对在国外找工作很感兴趣，所以我打算跟爱人商量商量，希望她可以同意我在国外工作。	내 생각에 국내에서 생활하는 것이 외국에서 생활하는 것보다 더 편하다. 업무에서 언어 부분의 스트레스는 분명 크지 않을 것이다. 그러나 나는 해외에서 일자리를 찾는 것에 매우 관심이 있어서 아내와 상의해 보려고 한다. 그녀가 내가 해외에서 일하는 것에 동의해 주길 바란다.

5 **녹음대본**

今天是我朋友女儿的生日。她三岁了。她有一个哥哥。我问她: "你哥哥比你大几岁?" 她非常高兴地说: "去年妈妈告诉我，哥哥三岁，比我大一岁。现在我也三岁了，我跟哥哥一样大了。"	오늘은 내 친구 딸의 생일이다. 그녀는 세 살이고, 오빠가 하나 있다. 나는 그녀에게 물었다. "오빠가 너보다 몇 살 많지?" 그녀는 기쁘게 말했다. "작년에 엄마가 알려 줬는데 오빠는 세 살이고, 나보다 한 살 많다고 했어요. 지금은 나도 세 살이니까 나랑 오빠랑 나이가 같아졌어요."

07

어법 다지기 | 문제로 확인

1 '把'자문(1)

❶ 这个孩子走不了路，<u>妈妈把他推到学校了</u>。	❶ 이 아이는 걸을 수가 없어서, 엄마가 그를 학교까지 밀어주었다.

② 学生们要开晚会，他们把桌子搬到教室了。	② 학생들은 파티를 열려고, 탁자를 교실로 옮겼다.
③ 孩子要看熊猫，妈妈把孩子带到动物园了。	③ 아이가 판다를 보고 싶어 해서 엄마는 아이를 동물원에 데려갔다.
④ 保罗的腿受伤了，朋友把他送到医院了。	④ 폴이 다리를 다쳐서 친구가 그를 병원으로 데리고 갔다.

●
① 她把邮票贴在信封上了。	① 그녀는 우표를 편지봉투에 붙였다.
② 他把牌子挂在门上了。	② 그는 팻말을 문에 걸었다.
③ 莉莉把花盆摆在窗台上了。	③ 릴리는 화분을 창문턱에 놓았다.
④ 保罗把电话号码写在纸上了。	④ 폴은 전화번호를 종이에 적었다.

◆
① 直美打算把这张照片寄给家里。	① 나오미는 이 사진을 집에 부치려고 한다.
② 我的照相机坏了，把你的照相机借给我用用，好吗？	② 내 카메라가 고장 났는데, 네 카메라를 내가 좀 빌려 쓸 수 있겠니?
③ 麻烦你把面包递给我。	③ 미안한데 빵을 저에게 건네주세요.

◆◆
① 他把美元换成人民币了。	① 그는 달러를 인민폐로 환전했다.
② 这个学生把"午饭"写成"牛饭"了。	② 이 학생은 '午饭'을 '牛饭'으로 썼다.
③ 他把他看成女人了。	③ 그는 그를 여자로 봤다.
④ 接电话的人把"四点"听成"十点"了。	④ 전화를 받은 사람은 '4시'를 '10시'로 들었다.

② 不是……吗

●
① 这不是西蒙的词典吗？	① 이것은 사이먼의 사전 아니니?
② 你不是喜欢唱歌吗？	② 너는 노래 부르는 것을 좋아하는 거 아니니?
③ 我昨天不是已经告诉过你了吗？	③ 내가 어제 이미 너에게 말하지 않았니?
④ 你不是说给他打电话吗？	④ 네가 그에게 전화한다고 말하지 않았니?

내공 쌓기

1

① A 你能不能把你的手机借给我打打?
B 没问题。

① A 당신의 전화를 좀 빌려줄 수 있어요?
B 물론이죠.

② A 我做完了作业就马上去你那儿。
B 没关系，不用着急。

② A 숙제하고 바로 너한테 갈게.
B 괜찮아. 서두를 필요 없어.

③ A 要是方便的话，晚上你去生日晚会时，帮我把这件礼物传给他。
B 行。

③ A 괜찮다면 너 저녁에 생일파티에 갈 때, 이 선물을 그에게 전해 줘.
B 그래.

④ A 我想请你帮个忙。
B 什么事？你说吧。
A 请你帮我把这个东西跟我一起搬到宿舍里，好吗?

④ A 너한테 도움을 좀 청하고 싶은데.
B 무슨 일인데? 말해 봐.
A 이 물건을 나와 함께 기숙사까지 옮겨줄 수 있겠니?

2

① A 你能不能把你的笔记本电脑借给我?
B 没问题，给你。你的呢?
A 今天忘带了。我要看学校网站的一个信息。
B 有什么好的信息?
A 我想申请一个留学生奖学金项目。你也想看吗?
B 好的，一起看吧。

① A 네 노트북 좀 나한테 빌려줄 수 있니?
B 그래. 빌려줄게. 네 노트북은?
A 오늘 깜박하고 안 가져왔네. 학교 홈페이지에서 볼 정보가 있어.
B 무슨 좋은 정보가 있어?
A 나 유학생 장학금 하나 신청해 보려고. 너도 보고 싶어?
B 응, 같이 보자.

② A 要是方便的话，你下课后去图书馆时，请帮我把这本书送到借书室。
B 没问题，给我。这本是什么书?
A 介绍韩国名胜古迹的书。很有意思。
B 你想去韩国旅游吗？打算什么时候去?
A 还没决定呢。对了，这本书是上个月借的，今天要还给图书馆。
B 知道了，放心吧。
A 谢谢你，改天我请客。

② A 괜찮다면 너 수업 끝나고 도서관 갈 때, 내 대신 이 책 좀 대출실에 갖다줘.
B 그래, 나한테 줘. 이거 무슨 책이야?
A 한국의 명승고적을 소개하는 책이야. 재미있어.
B 너 한국 여행 가려고? 언제 가는데?
A 아직 안 정했어. 참, 이 책 저번달에 빌린 거라서 오늘 도서관에 반납해야 해.
B 알겠어. 걱정하지 마.
A 고마워. 다음에 밥 살게.

❸ A 请你帮我把这个英语文章翻译成中文，好吗？
B 哎呀，虽然我学中文学了两年，但是我的中文水平不太高。
A 没关系，你的中文成绩比我高多了。
B 别夸我了。我真的不太好。
A 内容比较简单的，你应该没问题吧。
B 好的，那我来试试吧。

❸ A 이 영어 문장을 중국어로 번역해 줄 수 있니?
B 어머, 내가 중국어를 2년 배우기는 했지만, 내 중국어 수준이 별로 높지 않아.
A 괜찮아. 네 중국어 성적이 나보다 훨씬 높잖아.
B 칭찬하지 마. 나 진짜 못해.
A 내용이 비교적 간단해. 너한테 문제없을 거야.
B 좋아, 한 번 해 볼게.

3

英男今天去银行把美元换成人民币了，职员把人民币交给他，他把钱放进书包里了。他坐出租汽车回家的时候，把书包放在他旁边了。他下车时把书包忘在出租汽车上了。出租车司机把书包送过他家来了。

영남이는 오늘 은행에 가서 달러를 인민폐로 환전했다. 직원이 인민폐를 그에게 건네주었고 그는 돈을 책가방 안에 넣었다. 그는 택시를 타고 집으로 돌아오며, 책가방을 옆에 놓았다. 택시에서 내릴 때, 그는 깜빡하고 책가방을 택시에 두고 내렸다. 택시기사가 책가방을 그의 집까지 가져다주었다.

4

❶ 因为他把牌子上的字当成了这条路的名字。

❷ 那块牌子上写的是"此路不通"。

❶ 그는 팻말 위의 글자를 그 길의 이름이라고 생각했기 때문이다.

❷ 그 팻말에 쓰여 있는 것은 '통행금지'였다.

> **녹음대본**
>
> 一位老人去法国看儿子。他不会说法语。一天，他想去外边逛逛。他儿子家前边的路口有一个牌子，他把牌子上的字当成了这条路的名字，写在了纸上。回来时，他把这张纸交给出租车司机，司机看到上边写着"此路不通"。

한 노인이 아들을 만나러 프랑스에 갔다. 그는 프랑스어를 할 줄 몰랐다. 어느 날, 그는 바깥 구경을 하고 싶었다. 아들의 집 앞 길목에 팻말이 하나 있었는데, 그는 팻말 위의 글자를 그 길의 이름이라고 생각하고 종이에 적었다. 돌아오는 길에 그는 종이를 택시 기사에게 주었다. 기사는 종이에 '통행금지'라는 글자가 쓰여 있는 것을 보았다.

08

어법 다지기 | 문제로 확인

1 '把'자문(2)

(1)
① 吃饭以前，妈妈让孩子把手洗干净了。	① 밥 먹기 전에 엄마가 아이에게 손을 깨끗이 씻게 했다.
② 麻烦你把我的书包拿进去。	② 미안한데 네가 내 가방을 가지고 들어가 줘.
③ 明天你来的时候，帮我把书带来。	③ 내일 너 올 때 책 좀 가져다줘.
④ 刮大风了，他把窗户关上了。	④ 바람이 심하게 불어서, 그는 창문을 닫았다.

(2)
① 小雨把药吃了。	① 샤오위는 약을 먹었다.
② 孩子把玩具拆了。	② 아이가 장난감을 분해했다.
③ 他把自行车修好了。	③ 그는 자전거를 다 고쳤다.
④ 她把黑板擦干净了。	④ 그녀는 칠판을 깨끗이 닦았다.

내공 쌓기

1

① 怎么这么黑? 快把灯打开吧。	① 왜 이렇게 어두워요? 어서 불을 켜요.
② 赶快把电脑打开吧。	② 빨리 컴퓨터를 켜요.
③ 快来吧。	③ 빨리 와요.
④ 要按时运动。平时要多锻炼点儿身体。	④ 시간 맞춰 운동하세요. 평소에 몸을 많이 단련해야 해요.
⑤ A 我劝你少喝点儿酒，喝酒对你没有好处。 B 哎呀，又来了，你已经说了好多遍了。	⑤ A 술 좀 적게 마셔요. 음주는 당신에게 좋을 게 없어요. B 아이고, 또 시작이네. 이미 여러 번 말했잖아요.
⑥ 早点儿休息吧。	⑥ 일찍 쉬세요.

2

爸爸对孩子们说:"今天我不在家,你们会不会帮爸爸做家务呢?"孩子们都说会做。晚上爸爸回家了,和孩子们一起坐在沙发上,问儿子们:"你们今天做什么了?"大儿子说今天他为家人做晚饭了,二儿子说今天他打扫房间了,三儿子说今天他洗衣服了,小儿子说今天他摔碎了一个花瓶。

아빠가 아들들에게 물었다. "오늘 아빠가 집에 없는데, 너희들 아빠를 도와 집안일을 할 수 있겠니?" 아이들은 모두 할 수 있다고 말했다. 저녁에 아빠가 돌아와서, 아이들과 함께 소파에 앉아 아들들에게 물었다. "너희들 오늘 뭐 했니?" 첫째 아들은 오늘 가족을 위해 밥을 했다고 말했다. 둘째 아들은 오늘 방을 청소했다고 말했다. 셋째 아들은 오늘 빨래를 했다고 말했다. 막내아들은 오늘 꽃병을 떨어뜨려 깨뜨렸다고 말했다.

3

❶ 英男　今天起床的时候我感觉到身体不舒服,好像有点儿嗓子疼发烧。

保罗　这几天天气突然变冷了。我看你昨天穿得太少了,是不是感冒了?

英男　不知道,有点儿冷。你来摸(mō, 손으로 짚어보다)摸我额头(étóu, 이마)吧。

保罗　哎呀,怎么这么烫!赶快把衣服穿上,我陪你去医院。

❷ 大夫　你怎么了?哪儿不舒服?

英男　今天起来的时候身体状态(zhuàng tài, 상태)不太好。

大夫　有什么症状?

英男　嗓子疼发烧、咳嗽、打喷嚏,还有点儿流鼻涕。

大夫　先量一下体温,最近感冒流行了。

英男　体温是多少?

大夫　三十九度,是流行性感冒。打针吃药之后就好了。

英男　一定要打针吗?大夫,我有点怕打针。

大夫　感冒需要打针,一天打两次,打三天。

英男　要打三天吗?能不能打一天?

大夫　明天再来看看情况吧。但是药呢,要按时吃。我给你开药方。

英男　知道了。谢谢大夫。

❶ 영남　오늘 일어날 때 몸이 좀 안 좋았어. 목이 좀 아프고 열이 나는 것 같아.

폴　요 며칠 날씨가 갑자기 추워졌어. 너 어제 옷을 너무 적게 입은 것 같아. 감기 걸린 거 아니야?

영남　모르겠어. 좀 춥네. 내 이마 좀 짚어 봐.

폴　아이고, 왜 이렇게 뜨거워! 얼른 옷 입어. 나랑 병원 가자.

❷ 의사　어떻게 오셨죠? 어디가 불편하세요?

영남　오늘 일어날 때 몸 상태가 별로 좋지 않았어요.

의사　어떤 증상이 있어요?

영남　목이 아프고, 열이 나고, 기침이 나고, 재채기를 해요. 그리고 콧물도 좀 나요.

의사　먼저 체온을 좀 재 볼게요. 요즘 감기가 유행이에요.

영남　체온이 몇 도예요?

의사　39도네요. 유행성 감기예요. 주사 맞고, 약 먹으면 좋아질 거예요.

영남　주사 꼭 맞아야 하나요? 선생님, 제가 주사 맞는 걸 좀 무서워해서요.

의사　감기에 걸리면 주사를 맞아야죠. 하루에 두 번, 3일 동안 맞으세요.

영남　3일을 맞아야 한다고요? 하루만 맞으면 안 될까요?

의사　내일 다시 와서 상태를 보죠. 하지만 약은 제때 드셔야 해요. 처방전을 써 드릴게요.

영남　알겠습니다. 선생님, 감사합니다.

4

① 他把钥匙拿出来开门。

② 他请邻居帮他把房子抓住，别让它晃。

① 그는 열쇠를 꺼내 문을 열었다.

② 그는 이웃에게 집이 비틀거리지 않도록 잡아달라고 부탁했다.

녹음대본

有一个人喝醉了。回到家门口时，他把钥匙拿出来开门，可是开了半天，也没能把门打开。这时，他的邻居走过来说："要我帮忙吗？"他说："麻烦您帮我把房子抓住，别让它晃。"

한 사람이 술에 취했다. 집 앞에 도착해서 열쇠를 꺼내 문을 여는데 한참 동안 문을 열 수 없었다. 이때 그의 이웃이 걸어와서 말했다. "제가 도와드릴까요?" 그가 말했다. "죄송한데 집이 비틀거리지 않도록 잡아 주세요."

09

어법 다지기 | 문제로 확인

1 피동문

① 他的帽子被风刮走了。

② 她的头发和衣服被雨淋湿了。

③ 妈妈的眼镜被孩子摔坏了。

④ 小明又没做作业，被老师批评了一顿。

① 그의 모자가 바람에 날아갔다.

② 그녀의 머리카락과 옷이 비에 젖었다.

③ 엄마의 안경을 아이가 깨뜨렸다.

④ 샤오밍은 또 숙제를 안 해서 선생님께 혼났다.

① 受伤的人 被 送到医院了。

② 小偷 被/叫/让 警察抓住了。

③ 旧房子 被 拆了。

④ 那本小说已经 被 翻译成英文了。

⑤ 这一大只烤鸭都 被/叫/让 我们吃完了。

① 부상자가 병원으로 호송되었다.

② 도둑이 경찰에게 잡혔다.

③ 낡은 집이 헐렸다.

④ 그 소설은 이미 영문으로 번역되었다.

⑤ 우리는 이 큰 오리구이 한 마리를 다 먹었다.

① A 我的自行车 B 被那位师傅 C 修好了。(已经)	① 내 자전거는 이미 그 기사님이 다 수리했다.
② 那本杂志 A 已经叫 B 人 C 借走了。(给)	② 그 잡지는 이미 다른 사람이 빌려갔다.
③ 护照 A 被 B 小偷 C 偷走。(没)	③ 여권은 도둑에게 도둑맞지 않았다.
④ 那些 A 玩具 B 让孩子 C 拆了。(都)	④ 그 장난감은 아기가 분해했다.

❷ 连……也(都)……

① 这个问题太容易了，连小学生都能看得懂。	① 이 문제는 너무 쉬워서 초등학생이 보아도 이해할 수 있다.
② 他忙极了，连跟女朋友约会的时间也没有。	② 그는 너무 바빠서 여자친구와 데이트할 시간도 없다.
③ 这是我的秘密，连我父母也不知道。	③ 이것은 내 비밀이라서 부모님도 모르신다.
④ 他汉语水平特别高，连我的中国朋友也以为他是中国人。	④ 그의 중국어 실력은 아주 뛰어나서, 내 중국 친구 조차도 그가 중국인이라고 생각했다.

🔷 내공 쌓기

1

① A 你怎么了? B 别提了，我的钱包被小偷偷走了。	① A 어떻게 된 거야? B 말도 마. 지갑을 소매치기한테 도둑 맞았어.
② 今天在路上我骑自行车被汽车撞了。真倒霉!	② 오늘 길에서 자전거를 타다가 자동차에 치었어. 정말 재수가 없어!
③ A 不是我不喜欢她，是因为她喜欢我的朋友。 B 真不像话!	③ A 내가 그녀를 안 좋아하는 게 아니라, 그녀가 내 친구를 좋아하기 때문이야. B 말도 안 돼!
④ 我上星期真是倒霉透了!	④ 나 지난주에 정말 재수 없었어!
⑤ 今天他又迟到了。真气人!	⑤ 오늘 그가 또 지각했어. 정말 열 받아!

모범답안 & 녹음대본

❻ A 咳，连手机屏幕(píngmù, 스크린)也让我给摔坏了，现在什么都看不到了。真急人！
　B 你把它送到售后服务(shòuhòu fúwù, 애프터서비스)中心吧。上次我的手机就是让服务中心给修好的。
　A 好主意，我马上就去。

❻ A 어휴, 핸드폰 액정도 부서졌네. 지금 아무것도 안 보여. 정말 답답해!
　B 그거 서비스센터에 가져가 봐. 지난번에 내 핸드폰도 서비스센터에서 고쳤어.
　A 좋은 생각이야. 바로 갈게.

2

❶ A 你怎么回事？受伤了吗？
　B 摔倒了。你看，腿都摔青了。你怎么了？
　A 别提了，今天真倒霉。我也摔倒了。
　B 到底有什么事？
　A 刚才我出去的时候，一下楼被西瓜皮滑倒了。
　B 受伤了没有？严重吗？
　A 胳膊被摔伤了，真倒霉。你呢？
　B 我今天骑自行车去书店的时候，被逆行的行人撞倒了。
　A 是吗？今天你也真倒霉。

❶ A 너 어떻게 된 거야? 다쳤어?
　B 넘어졌어. 봐봐, 다리가 멍들었어. 너는 어떻게 된 거야?
　A 말도 마, 오늘 진짜 재수가 없어. 나도 넘어졌어.
　B 대체 무슨 일이야?
　A 방금 내가 외출할 때, 내려가다가 수박 껍질에 미끄러져 넘어졌어.
　B 다쳤어? 심하니?
　A 팔이 다쳤어. 정말 재수 없네. 너는?
　B 나는 오늘 자전거 타고 서점에 가는데, 역행하는 행인한테 부딪혀서 넘어졌어.
　A 그래? 너도 오늘 재수가 없구나.

❷ C 警察先生，我的自行车丢了。
　警察 是什么时候丢的？
　C 今天早上出去的时候就没有了。
　警察 是放在哪儿的？
　C 楼下没有车棚，我就把车放在楼门口了。真气人，那辆车是上星期刚买的。

❷ C 경찰 아저씨, 자전거를 잃어버렸어요.
　경찰 언제 잃어버렸니?
　C 오늘 아침 나올 때 보니 없었어요.
　경찰 어디에 두었는데?
　C 아래층에 차고가 없어서 자전거를 건물 입구에 두었어요. 정말 화나요. 그거 지난주에 산 거란 말이에요.

3

昨天我买了一个新手机。今天坐地铁上班的人很多。出地铁站的时候被人碰撞了一下，我的手机掉到地上摔坏了。真气人，那个人连一声对不起也没说就走了。真不像话，今天真是倒霉透的一天。

어제 나는 새 핸드폰을 샀다. 오늘 지하철을 타고 출근하는 사람이 매우 많았다. 지하철역에서 나올 때 어떤 사람과 부딪혔는데, 내 핸드폰이 바닥에 떨어져 망가졌다. 정말 화나게도 그 사람은 미안하다는 말 한마디 없이 그냥 가버렸다. 말도 안 돼, 오늘 진짜 너무 재수 없는 날이다.

4

| 小明告诉老师今天来学校的时候，他的作业被小偷偷走了。可是他说的话是假话。因为他昨天没做作业，怕被老师批评，所以他对老师说假话。 | 샤오밍은 선생님께 오늘 학교에 올 때 그의 숙제를 소매치기에게 도둑맞았다고 말했다. 그러나 그의 말은 거짓말이었다. 왜냐하면 어제 숙제를 하지 않아서 선생님께 혼날까 걱정되었기 때문에 선생님께 거짓말을 한 것이다. |

녹음대본

| 小明昨天没做作业，他怕被老师批评，所以今天一进教室就告诉老师："老师，刚才我来学校的时候，我的东西被小偷偷走了。"老师问："什么东西?"小明回答："我的作业。" | 샤오밍은 어제 숙제를 안 했다. 그는 선생님께 혼날까 봐 걱정되어 오늘 교실에 들어가자마자 선생님께 말했다. "선생님, 방금 제가 학교에 오다가 제 물건을 소매치기에게 도둑맞았어요." 선생님이 물었다. "어떤 물건이니?" 샤오밍이 대답했다. "제 숙제요." |

10

어법 다지기 | 문제로 확인

1 의미상의 피동문

① 报告(bàogào, 리포트)写完了。	① 리포트를 다 썼다.
② 面膜(miànmó, 마스크 팩)贴好了。	② 마스크 팩을 붙였다.
③ 运动鞋洗干净了。	③ 운동화를 깨끗하게 빨았다.
④ 玩具摔坏了。	④ 장난감이 부서졌다.
⑤ 电脑关上了。	⑤ 컴퓨터를 껐다.
⑥ 明信片(míngxìnpiàn, 엽서)寄去了。	⑥ 엽서를 부쳤다.

내공 쌓기

1

| ① 年底我就要回国了，我来向您告别。 | ① 연말에 저 귀국해요. 당신에게 작별 인사하러 왔어요. |
| ② A 寒假我还得上学，恐怕送不了你。
B 不用送了，您多保重。 | ② A 겨울방학 때도 학교 가야 해서 너를 배웅하지 못할 것 같아.
B 배웅해 줄 필요 없어요. 몸 건강하세요. |

❸ A 金同学，今天我们给你饯行，祝你一路顺风！
B 我也祝你们生活愉快，身体健康！

❹ A 你们帮了我一个大忙，我真不知道怎么感谢你们才好。
B 你说到哪儿去了？

❺ 他们真舍不得毕业。

❻ A 来，大家举杯，为我们的事业干杯。
B 干杯！

❼ 回去见到李老师的话，请代我向她问好。

❸ A 김 군, 오늘 우리가 송별회 해 줄게. 가는 길이 순조롭길 바란다!
B 나도 너희들이 즐겁고 건강하길 바랄게!

❹ A 여러분이 제게 큰 도움을 주셔서 어떻게 감사를 드려야 할지 모르겠어요.
B 별말씀을 다 하시네요.

❺ 그들은 졸업을 아쉬워한다.

❻ A 자, 모두 잔을 들고 우리의 사업을 위해 건배해요.
B 건배!

❼ 돌아가서 리 선생님을 만나면 저 대신 안부 전해 주세요.

2

❶ A 老师，我快要毕业了。我来向您告别。
B 时间过得真快。你要回国吗？
A 是的。下星期我就要回国了。感谢您对我的支持和帮助。
B 你也辛苦了。毕业后有什么打算？
A 先回家休息一段(duàn, 일정한 시간)时间，然后想帮爸爸工作，爸爸的事业非常繁忙(fánmáng, 번거롭고 바쁘다)。
B 祝你一路顺风，事业有成！

❷ A 同学们，我就要回国了，我跟你们在一起过得很幸福。
B 我也跟你过得很愉快。我建议，我们一起干一杯！
A 好！来来，大家举杯，为我们的未来干杯。
ABC 干杯！

❸ A 回家见到你父母的时候，请代我向他们问好。
B 我一定转告。
A 一路顺风！再见！
B 再见！

❶ A 선생님, 저 곧 졸업해요. 작별 인사드리러 왔어요.
B 시간이 정말 빠르다. 너 귀국할 거니?
A 네. 다음 주에 귀국해요. 저에 대한 지원과 도움에 감사드립니다.
B 너도 고생했어. 졸업 후에 어떻게 할 생각이니?
A 우선 집에 돌아가서 좀 쉬다가 아빠를 도와 일하려고요. 아빠 사업이 아주 바쁘셔서요.
B 하는 일이 모두 순조롭고, 사업이 성공하길 바랄게!

❷ A 얘들아, 나 곧 귀국해. 너희와 함께 지내서 행복했어.
B 나도 너와 함께 해서 즐거웠어. 우리 같이 한 잔하자!
A 좋아! 자, 다들 잔을 들고 우리의 미래를 위해 건배하자.
ABC 건배!

❸ A 돌아가서 부모님 뵈면 내 대신 안부 전해 드려.
B 전해 드릴게.
A 가는 길이 순조롭길 바란다! 안녕!
B 안녕!

3

亲爱的老师、同学们！谢谢你们！我快要走了。我绝对不会忘记你们对我的关心和帮助。我会很想你们的，我们一定会再见面的！	사랑하는 선생님, 친구들! 고마워요! 저는 곧 가야 해요. 여러분이 저에게 준 관심과 도움을 절대 잊지 못할 거예요. 여러분이 많이 그리울 거예요. 우리는 꼭 다시 만날 거예요!

복습 2

◆ Tīngting 듣기

1 (1) ○ (2) ✕ (3) ✕

녹음대본

A 我想请你帮个忙。 B 什么事？你说吧。 A 明天你去上课时，帮我把这个包交给莉莉，好吗？ B 明天你也有课嘛，你亲自交给她不行吗？ A 明天早上我有事，不能去上课。 B 要是莉莉也没去上课，怎么办？ A 莉莉明天有考试，所以明天的课她不能不去。 B 啊，其实我明天跟女朋友有约会，恐怕也上不了课。不如你问问小明，他应该能帮上你的忙。 A 知道了。谢谢。	A 너한테 도움을 좀 청하고 싶은데. B 무슨 일인데? 말해 봐. A 내일 너 수업 갈 때, 내 대신 이 가방을 릴리에게 좀 전해줄래? B 내일 너도 수업 있잖아. 직접 전해주면 안 돼? A 내일 오전에 일이 있어서 수업에 갈 수가 없어. B 만약 릴리도 수업에 안 오면 어떡해? A 릴리는 내일 시험이 있어서, 내일 수업에 안 올 수 없을 거야. B 아, 실은 내가 내일 여자친구와 데이트가 있어서 나도 수업에 못 갈 거 같아. 아마 샤오밍에게 부탁하면 도와줄 거야. A 알았어. 고마워.

2

(1) 大女儿今天洗衣服了。 (2) 大儿子今天打扫屋子了。 (3) 小儿子今天照顾了小狗。	(1) 큰딸은 오늘 빨래를 했다. (2) 큰아들은 오늘 집을 청소했다. (3) 막내아들은 오늘 강아지를 돌보았다.

녹음대본

妈妈对孩子们说："今天我不在家，你们会不会帮妈妈做家务呢？"孩子们都说会做。晚上妈妈回家了，和孩子们一起坐在沙发上聊天儿，妈妈问孩子们："你们今天做什么了？"大女儿说今天她为家人洗衣服了，小女儿说今天她做晚饭了，大儿子说今天他打扫屋子了，小儿子说今天他照顾了他们家的小狗。	엄마가 아이들에게 물었다. "오늘 엄마가 집에 없는데, 너희들 엄마를 도와 집안일을 할 수 있겠니?" 아이들은 모두 할 수 있다고 말했다. 저녁에 엄마가 돌아와서, 아이들과 함께 소파에 앉아 이야기했다. 엄마가 아이들에게 물었다. "너희들 오늘 뭐 했니?" 큰딸은 오늘 가족을 위해 빨래를 했다고 말했다. 막내딸은 오늘 저녁밥을 했다고 말했다. 큰아들은 오늘 집을 청소했다고 말했다. 막내아들은 오늘 강아지를 돌보았다고 말했다.

3

一位男同学今天去学校的时候，被香蕉皮滑倒了。一位女同学在汽车站等公共汽车的时候，被一辆过来的自行车撞倒了。女同学的腿被自行车撞伤了，男同学滑倒时也摔伤了胳膊。他们俩都说："今天是倒霉的一天"。

남학생은 오늘 학교에 가다가 바나나 껍질에 미끄러져 넘어졌다. 여학생은 버스정류장에서 버스를 기다리다가 달려오는 자전거에 부딪혀 넘어졌다. 여학생은 다리를 다쳤고, 남학생은 팔을 다쳤다. 둘 다 '오늘은 재수 없는 하루'라고 말했다.

녹음대본

A 真倒霉!
B 怎么了? 你受伤了吗?
A 我摔倒了。你看，腿都摔青了。你怎么了?
B 别提了，今天真倒霉。我也摔倒了。
A 到底发生了什么事?
B 刚才我来学校的时候，被香蕉皮滑倒了。
A 受伤了没有? 严重吗?
B 胳膊被摔伤了，真倒霉。你呢?
A 我在汽车站等公共汽车的时候，被一辆过来的自行车撞倒了。
B 是吗? 今天你也真倒霉。

A 정말 재수가 없네!
B 어떻게 된 거야? 너 다쳤어?
A 나 넘어졌어. 봐봐, 다리 멍들었어. 너는 어떻게 된 거야?
B 말도 마, 오늘 진짜 재수가 없어. 나도 넘어졌어.
A 대체 무슨 일이 일어난 거야?
B 방금 학교 올 때, 바나나 껍질에 미끄러져 넘어졌어.
A 다쳤어? 심하니?
B 팔을 다쳤어. 정말 재수 없네. 너는?
A 나는 정류장에서 버스 기다릴 때, 달려오는 자전거에 부딪혀서 넘어졌어.
B 그래? 오늘 너도 재수가 없구나.

Dúdu 읽기

1
(1) 哥哥今年四岁。
(2) 哥哥比她大一岁。

(1) 오빠는 올해 4살이다.
(2) 오빠가 동생보다 1살 많다.

2 (1) × (2) × (3) ○

Shuōshuo 말하기

1
我给你们介绍一下我的外国朋友。他叫迈克，是美国人。他个子很高，有一米九，比我高多了。他今年二十四岁，比我大三岁。他有一个妹妹。他妹妹跟我妹妹一样大。迈克也学习汉语，他汉语说得比我流利。汉字也写得比我好多了。可是他踢足球踢得没有我好。

여러분께 제 외국 친구를 소개해 드릴게요. 그의 이름은 마이클이에요. 미국인이죠. 그는 키가 매우 커요. 신장이 190㎝예요. 나보다 훨씬 크죠. 그는 올해 24살이고, 나보다 세 살 많아요. 그는 여동생이 하나 있어요. 그의 여동생과 내 여동생은 나이가 같아요. 마이클도 중국어를 배워요. 그는 중국어를 나보다 유창하게 해요. 한자도 나보다 훨씬 잘 써요. 하지만 그는 축구를 나만큼 잘하지 못해요.

2

　　小时候，我发生了一件很倒霉的事。事情的经过是这样的：有一天，放学的路上，我一边走一边和同学说话，没看前面的路。结果一不小心，我一头撞到了树上，当时我怕别人看见很丢人，所以赶快往前走。

　　后来在回家的路上，撞到的地方越来越疼，我就急急忙忙地跑回家。回家后来到镜子前一看，发现我头上正流着血，于是我就用卫生纸擦，心里很害怕。

　　等爸爸妈妈回来后，我把事情的经过告诉了他们，爸爸就带我去医院看医生。医生说，没什么大事，消消毒(xiāodú, 소독하다)就行了，后来医生帮我处理了伤口，我和爸爸就回家了。

　　어릴 때, 나에게 운이 나빴던 일이 하나 있었다. 사연은 이렇다. 어느 날, 수업이 끝나고 집에 가는 길에 나는 걸으면서 친구와 이야기하느라 앞을 보지 않았다. 조심하지 않아서 내 머리가 나무에 부딪혔다. 당시에는 다른 사람이 보면 창피할 것 같아서 서둘러 앞으로 걸었다.

　　나중에 집으로 돌아가는 길에 부딪힌 곳이 점점 더 아파져서 급히 뛰어서 집에 왔다. 집에 온 후 거울 앞에서 보니 머리에서 피가 흐르고 있어서 화장지로 닦았다. 너무 무서웠다.

　　부모님이 돌아오신 후, 나는 부모님께 사건의 경과를 말씀드렸고, 아빠는 곧 나를 병원에 데려가셨다. 의사 선생님이 큰일은 아니고, 소독하면 괜찮을 거라고 하셨다. 의사 선생님이 상처를 치료해 주셔서, 나는 아빠와 집에 돌아왔다.

3

A 后天我就要回国了，我来向你告别。
B 为什么？怎么突然要回国了？
A 我已经好几个月没回家了，我很想家。
B 是吗，真舍不得你走。和你一起学习很有意思！
A 我也觉得跟你一起很愉快。很遗憾！
B 唉！你什么时候走？
A 我坐后天的飞机回国。你能替我照看我的猫吗？它很乖的。
B 当然可以，我也喜欢小猫。以后我们可以在电话上聊天。
A 那是当然的，希望不久后就能再见到你。
B 我们一定会再见的。请代我向你的家人问好。

A 나 모레 귀국해서 너에게 작별 인사하려고 왔어.
B 왜？ 왜 갑자기 귀국하는 거야？
A 나 벌써 몇 개월이나 집에 가지 못했잖아. 집이 그리워.
B 그래, 네가 간다니 정말 아쉽다. 너와 함께 공부해서 정말 재미있었어!
A 나도 너와 함께 해서 즐거웠어. 정말 아쉽다!
B 아이고, 너 언제 가는데?
A 모레 비행기 타고 귀국해. 나 대신 내 고양이를 돌봐 줄 수 있겠니? 그 녀석 엄청 귀여워.
B 당연하지. 나도 고양이가 좋아해. 나중에 우리 전화로 대화하자.
A 당연하지. 곧 너와 다시 만날 수 있길 바라.
B 우리 꼭 만날 수 있을 거야. 너희 가족들에게 안부 전해 줘.

Xiěxie 쓰기

1

(1) 下星期我就要回国了，我来向您告别。	(1) 다음 주에 귀국해서 선생님께 작별 인사를 드리러 왔어요.
(2) 星期二我还得上班，恐怕送不了你了。	(2) 화요일에 나는 출근을 해야 해서, 아마 당신을 배웅할 수 없을 거예요.
(3) 赶快把衣服穿上，我陪你去医院。	(3) 빨리 옷을 입어요. 내가 당신을 데리고 병원에 갈게요.
(4) 他的鞋跟我的鞋一样大。	(4) 그의 신발은 내 신발과 크기가 같다.

2
(1) 苹果比橘子贵得多。 사과는 귤보다 훨씬 비싸다.
(2) 我不愿意去医院，我最怕打针。 나는 병원에 가고 싶지 않아요. 주사 맞는 게 제일 무서워요.
(3) 大家举杯，为我们的友谊干杯。 모두 잔을 들고, 우리의 우정을 위해 건배해요.

3
(1) 돌아가서 그를 만나면 내 대신 안부 전해 주세요. → 回去见到他的话，请代我向他问好。
(2) 너희들 행복하고, 하는 일 모두 순조롭길 바랄게. → 祝你们生活幸福，工作顺利！
(3) 어제부터 머리가 아프고, 목도 아프고, 기침도 좀 나요. → 昨天开始头疼、嗓子疼，还有点儿咳嗽。
(4) 나는 여러분께 어떻게 감사를 드려야 좋을지 모르겠어요. → 我真不知道怎么感谢你们才好。

다락원 홈페이지에서 MP3 파일
다운로드 및 실시간 재생 서비스

최신개정 신공략 중국어 ❸

저자 马箭飞(主编)
　　　苏英霞·翟艳(编著)
편역 변형우, 주성일, 여승환, 배은한
펴낸이 정규도
펴낸곳 (주)다락원

제1판 1쇄 발행 2000년 11월 10일
제2판 1쇄 발행 2005년 12월 23일
제3판 1쇄 발행 2019년 1월 7일
제3판 6쇄 발행 2025년 2월 18일

기획·편집 이원정, 오혜령, 이상윤
디자인 박나래
조판 최영란
일러스트 놈스, 조재희, 성자연
녹음 曹红梅, 朴龙君, 于海峰, 祁明明, 허강원

📚다락원 경기도 파주시 문발로 211
전화 (02)736-2031(내선 250~252/내선 430, 435)
팩스 (02)732-2037
출판등록 1977년 9월 16일 제406-2008-000007호

Copyright © 2015, 北京大学出版社
원제:《汉语口语速成》_入门篇·下册(第三版)
The Chinese edition is originally published by Peking University Press.
This translation is published by arrangement with Peking University Press, Beijing, China. All rights reserved. No reproduction and distribution without permission.

한국 내 Copyright © 2019, (주)다락원
이 책의 한국 내 저작권은 北京大学出版社와의 독점 계약으로 ㈜다락원이 소유합니다.

저자 및 출판사의 허락 없이 이 책의 일부 또는 전부를 무단 복제·전재·발췌할 수 없습니다. 구입 후 철회는 회사 내규에 부합하는 경우에 가능하므로 구입처에 문의하시기 바랍니다. 분실·파손 등에 따른 소비자 피해에 대해서는 공정거래위원회에서 고시한 소비자 분쟁 해결 기준에 따라 보상 가능합니다. 잘못된 책은 바꿔 드립니다.

ISBN 978-89-277-2249-6 18720
　　　978-89-277-2241-0 (set)

www.darakwon.co.kr
다락원 홈페이지를 방문하시면 상세한 출판 정보와 함께 동영상 강좌, MP3 자료 등 다양한 어학 정보를 얻으실 수 있습니다.

최신개정 신공략 중국어 ③

워크북

다락원

🔷 간체자가 만들어지는 원리

간체자는 아래와 같은 원리를 이용해서 만들어졌습니다.

간체자가 만들어지는 원리	예
1 전체 윤곽만 남긴다. 伞(傘), 우산 산(傘)자의 전체 윤곽인 人十을 남기고 안의 복잡한 부분을 생략했습니다.	气(氣), 广(廣), 马(馬)
2 고대에 사용된 글자를 채택한다. 无(無), 고대 중국에서 써왔던 한자를 그대로 쓰는 방식으로, 고대에는 무(無)를 无로 표기했습니다.	万(萬), 泪(淚), 礼(禮)
3 초서체를 본떠서 만든다. 长(長), 길 장(長)자의 초서체인 长을 본떠서 만들었습니다.	车(車), 兴(興), 专(專)
4 부분 편방을 줄이거나 생략한다. 标(標), 부수인 木자는 그대로 두고 편방의 票자를 示로 줄였습니다.	标(標), 竞(競), 亏(虧)
5 필획을 줄인다. 单(單), 홑 단(單)자의 입 구(口) 변을 ˇˇ로 줄였습니다.	奖(獎), 门(門)
6 글자의 일부분만 남긴다. 飞(飛), 날 비(飛)자의 득정 부분인 飞만 남기고 나머지 부분을 생략했습니다.	声(聲), 习(習), 乡(鄉)
7 글자의 복잡한 부분을 간단한 부호로 바꾼다. 欢(歡), 기쁠 환(歡)자의 편방인 雚을 又로 대체해서 부호화시킨 것입니다.	难(難), 鸡(鷄), 汉(漢)
8 발음이 비슷한 부수나 글자로 복잡한 부분을 대신한다. 远(遠), 멀 원(遠)자 안의 袁과 같은 발음이며 획수가 적은 元으로 대체합니다.	亿(億), 远(遠), 邮(郵)
9 발음이 같은 글자로 복잡한 글자를 대신한다. 台(臺), 대 대(臺)자를 발음이 같은 台자로 대신합니다.	系(繫), 几(幾), 后(後)
10 간단한 필획으로 새로운 형성자를 만든다. 惊(驚), 형성자란 두 글자를 합해서 만든 글자로 한 쪽은 뜻을, 다른 한쪽은 음을 나타냅니다. 놀랄 경(驚)자는 말(馬)이 놀라는 모습을 나타내는 글자로 말 마(馬)가 뜻이 되고 경(敬)이 음 부분이 됩니다. 그런데 이 글자를 간체자로 바꾸면서 놀라는 마음(忄)을 뜻으로, 경(京)자를 음으로 하여 새로운 형성자를 만들었습니다.	础(礎), 铜(銅)
11 간단한 필획으로 새로운 회의자를 만든다. 众(衆), 회의자란 뜻을 모아서 만든 글자를 말하는데 무리 중(衆)자는 사람들이 모여있는 모양, 즉 '무리'라는 뜻이므로 사람 인(人)자 3개를 모아서 만들었습니다.	宝(寶), 尘(塵)

꼭 익혀 두어야 할 간체자 형태

중국어에서 기본이 되는 간체자 형태는 아래와 같습니다.

간체자 형태	정자	발음	뜻	예
讠	言	yán	말씀 언	说，语，译
门	門	mén	문 문	们，闻，问
饣	食	shí	밥 식	饭，饮，饺
马	馬	mǎ	말 마	吗，妈，码
韦	韋	wéi	가죽 위	韩，伟，玮
车	車	chē	수레 차	军，轻，转
贝	貝	bèi	조개 패	败，贵，员
见	見	jiàn	볼 견	现，观，视
钅	金	jīn	쇠 금	银，铜，钱
鸟	鳥	niǎo	새 조	鸡，鹤，鸭
龙	龍	lóng	용 룡	笼，垄，聋

간체자 쓰기 순서

한자는 글자마다 쓰는 순서가 있습니다. 기본적인 순서는 꼭 숙지해 두세요.

글자 쓰는 순서	예
1. 좌에서 우로 쓴다.	观，妈
2. 위에서 아래로 쓴다.	黄，龙
3. 둘러싼 모양부터 먼저 쓴다.	问，间
4. 좌우 대칭은 가운데부터 먼저 쓴다.	尘，光
5. 받침을 먼저 쓴다.	赵，尴
6. 받침을 나중에 쓴다.	进，还

01 샹산에 가 본 적 있어요?

핵심표현 & 교체연습 🎧 wbook 01

❶ 过 ~해 본 적 있다

你去过香山吗?
Nǐ qùguo Xiāngshān ma?
샹산에 가 본 적 있어요?

교체 단어
明洞 명동 | 巴黎 파리 | 天津 톈진
Míngdòng   Bālí   Tiānjīn

❷ 不是……(而)是…… ~가 아니라 ~이다

我不是坐出租车去的,我是骑车去的。
Wǒ bú shì zuò chūzūchē qù de, wǒ shì qí chē qù de.
나는 택시를 타고 간 게 아니라, 자전거를 타고 갔어요.

교체 단어
坐飞机 비행기를 타다 | 坐火车 기차를 타다 | 坐巴士 버스를 타다 | 走着 걸어가다
zuò fēijī   zuò huǒchē   zuò bāshì   zǒuzhe

❸ 除了……以外 ~을 제외하고, ~이외에

除了英语以外,我也会说法语和德语。
Chúle Yīngyǔ yǐwài, wǒ yě huì shuō Fǎyǔ hé Déyǔ.
영어 외에도 나는 프랑스어와 독일어를 할 줄 안다.

교체 단어
西班牙语 스페인어 | 越南语 베트남어 | 阿拉伯语 아랍어
Xībānyáyǔ   Yuènányǔ   Ālābóyǔ

❹ 从来 지금까지, 여태껏

我还从来没学过汉语歌呢。
Wǒ hái cónglái méi xuéguo Hànyǔ gē ne.
나는 여태껏 중국어 노래를 배워 본 적이 없어요.

교체 단어
学 배우다 | 弹钢琴 피아노를 치다
xué   tán gāngqín
喝 마시다 | 白酒 백주
hē   báijiǔ

확인 TEST

1 다음 빈칸을 알맞게 채워 넣으세요.

(1)		jiǎndān	간단하다
(2)	毕业		졸업하다, 졸업
(3)	有名	yǒumíng	
(4)	从来		지금까지, 여태껏
(5)	假	jiǎ	
(6)		chàbuduō	대체로, 거의

2 주어진 단어를 어순에 맞게 배열하여 문장을 완성하세요.

(1) 我　汉语　也　以外　除了　法语　会说

→ _____

(2) 一下儿　好吗　介绍　你的情况　请

→ _____

(3) 去过　我　香山　三次

→ _____

3 녹음을 듣고, 주어진 뜻에 해당하는 문장을 중국어로 써 보세요. 🎧 wbook 02

(1) _____ 당신은 택시 타고 갔었죠?

(2) _____ 나는 버스를 타고 온 게 아니라, 걸어서 왔어요.

(3) _____ 베이징에 온 이후에 오리구이 먹어 본 적 있어요?

간체자 쓰기

第 dì
접두 제 [수사(數詞) 앞에 쓰여 차례나 순서를 나타냄]

丿 亠 𠂇 𠂈 𥫗 𥫗 笁 笁 第 第

些 xiē
양 약간, 조금

丨 卜 忄 止 止 此 此 些

羡慕 xiànmù
동 부러워하다, 선망하다

丶 丷 丷 䒑 羊 羊 䒑 䒑 䒑 䒑 羡
一 十 艹 艹 芦 甘 莒 莫 莫 募 慕 慕 慕

好听 hǎotīng
형 (말 또는 소리가) 듣기 좋다

𠃌 𡿨 女 女 好 好
丨 冂 口 叮 叮 听 听

遍 biàn
양 번, 회 [한 동작이 시작되어 끝날 때까지의 전 과정]

丶 亠 冫 户 户 肎 肎 扁 扁 扁 遍 遍 遍

从来 cónglái
부 지금까지, 여태껏

假 jiǎ
형 거짓의, 가짜의

毕业 bìyè
동 졸업하다 명 졸업

出差 chūchāi
동 출장 가다 명 출장

排球 páiqiú
명 배구

02 문이 열려 있어요.

핵심표현 & 교체연습 🎧 wbook 03

❶ 着 ~한 채로 있다, ~하고 있다

保罗在椅子上 坐着。
Bǎoluó zài yǐzi shàng zuòzhe.
폴은 의자에 앉아 있다.

교체 단어
教室里 교실 안 | 站 서다
jiàoshì li　　　　zhàn
地上 바닥 | 趴 엎드리다
dìshang　　　pā

❷ 没(有)……着 ~한 채로 있지 않다

保罗没坐着，他躺着呢。
Bǎoluó méi zuòzhe, tā tǎngzhe ne.
폴은 앉아 있는 게 아니라, 누워 있다.

교체 단어
走 걷다 | 跑 뛰다
zǒu　　　pǎo
哭 울다 | 笑 웃다
kū　　　xiào

❸ ……着没有 ~한 채로 있습니까?

门开着没有？
mén kāizhe méiyǒu
문이 열려 있습니까?

교체 단어
空调 에어컨　窗户 창문
kōngtiáo　　chuānghu

❹ ……着…… ~하면서, ~한 채로

爸爸正在沙发上坐着看报。
Bàba zhèngzài shāfā shàng zuòzhe kàn bào.
아버지는 소파에 앉아 신문을 보고 계신다.

교체 단어
躺 눕다 | 看电视 텔레비전을 보다　　坐 앉다 | 吃方便面 라면을 먹다
tǎng　　kàn diànshì　　　　　　　　zuò　　chī fāngbiànmiàn

확인 TEST

1 다음 빈칸을 알맞게 채워 넣으세요.

(1)	椅子	yǐzi	
(2)		chuānghu	창문
(3)	生气	shēngqì	
(4)		shūjià	책꽂이, 책장
(5)	整齐		정연하다, 가지런하다
(6)	摆		배열하다, 진열하다

2 주어진 단어를 어순에 맞게 배열하여 문장을 완성하세요.

(1) 在客厅里　咖啡　妈妈　聊天儿　跟邻居　喝着

→ _____

(2) 应该　你　好好儿　一会儿　休息

→ _____

(3) 电视里　紧张地　的　他们　足球赛　正在　看着

→ _____

3 녹음을 듣고, 주어진 뜻에 해당하는 문장을 중국어로 써 보세요. 🎧 wbook 04

(1) _____

샤오위는 자기 방에서 음악을 들으며 책을 보고 있다.

(2) _____

폴은 의자에 앉아 있고, 영남은 침대에 누워 있다.

(3) _____

새끼 고양이가 창문턱에 엎드려서 자고 있다.

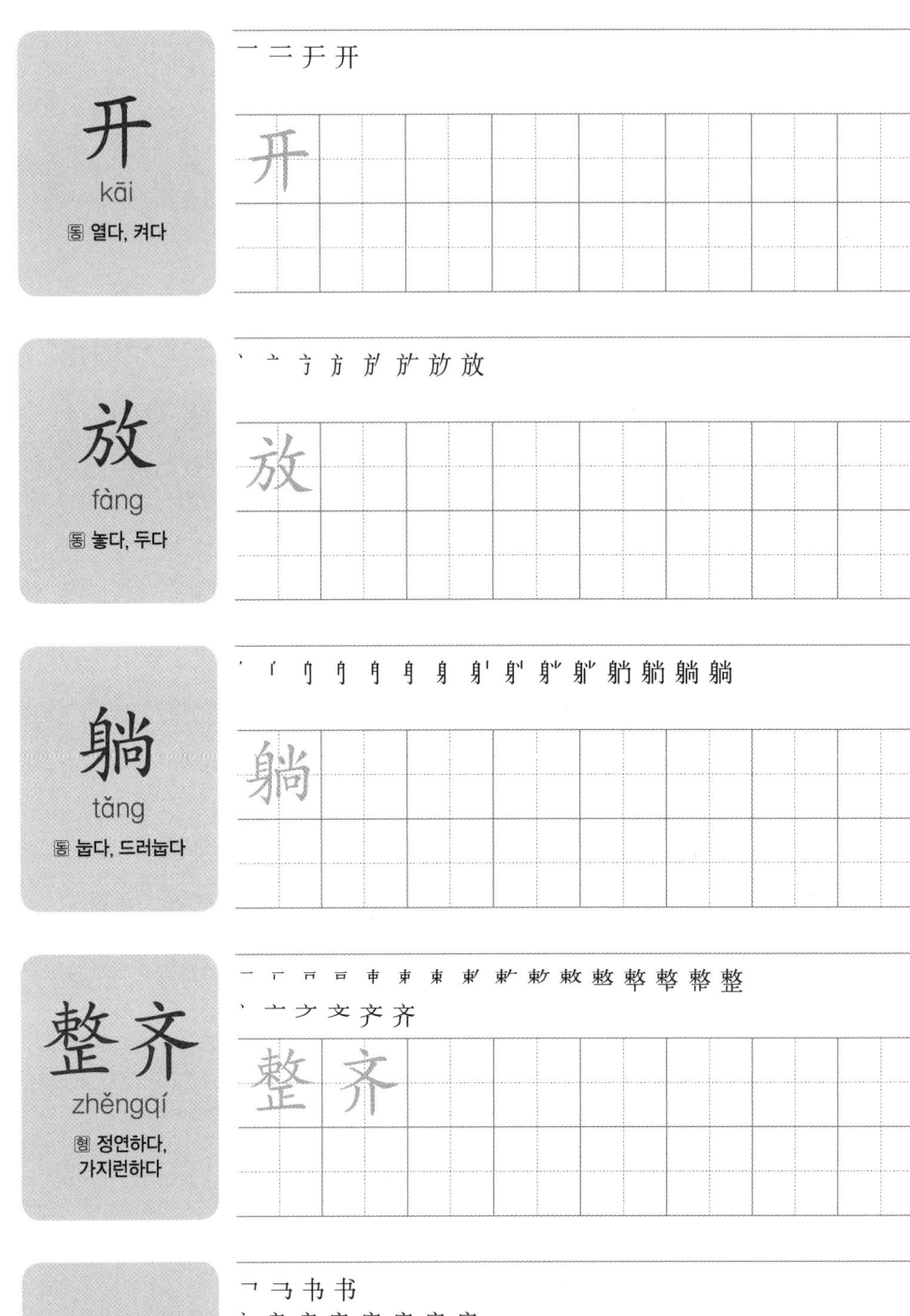

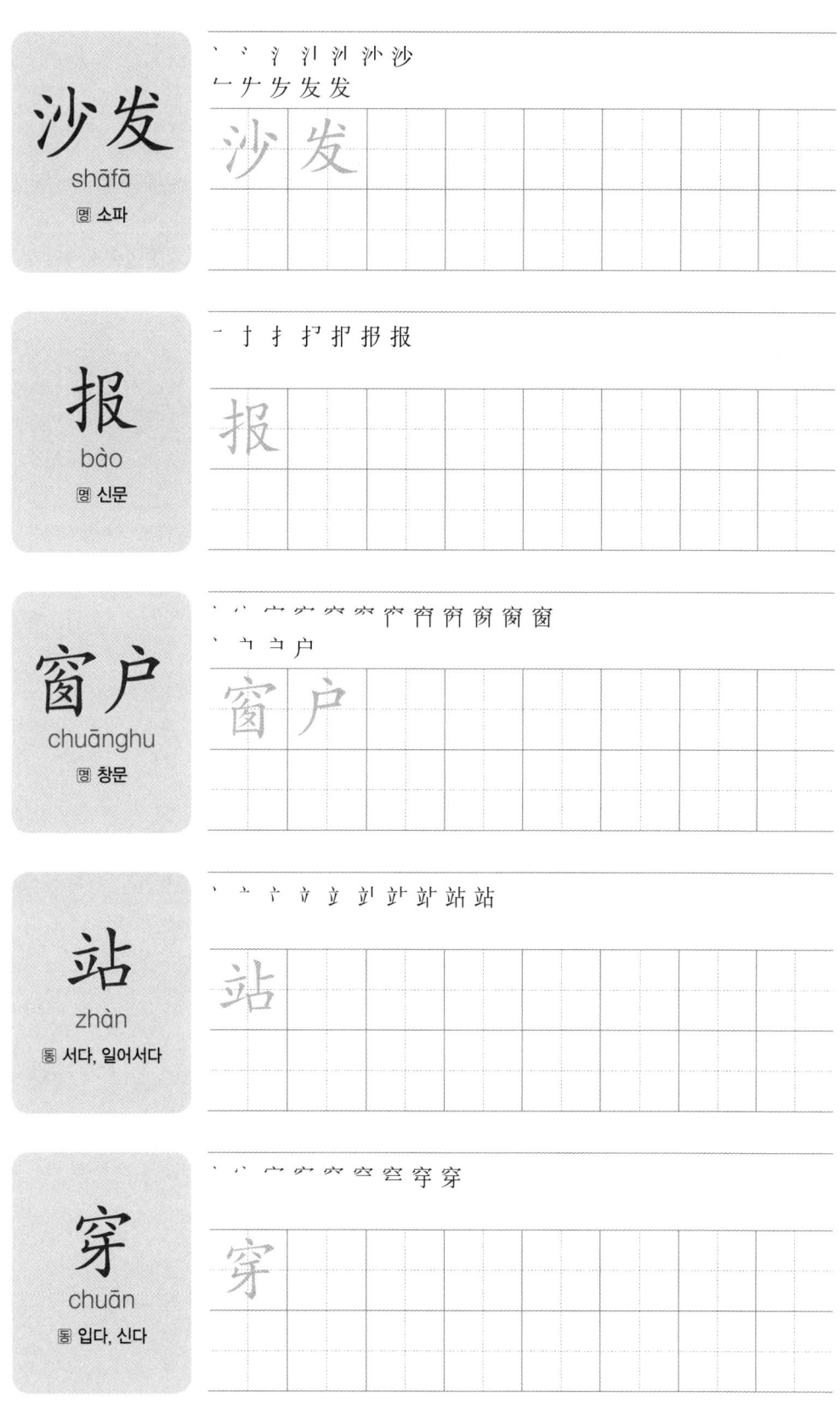

03 전화 잘못 거셨어요.

◆ 핵심표현 & 교체연습 🎧 wbook 05

❶ 找 찾다

喂，我<u>找</u>莉莉。
Wéi, wǒ zhǎo Lìli.
여보세요, 릴리를 찾는데요.(릴리와 통화하고 싶어요.)

교체 단어
金先生 김 선생님　　王主任 왕 주임
Jīn xiānsheng　　　Wáng zhǔrèn

❷ 一……就…… ~하자마자 ~하다

我<u>一</u>吃完晚饭<u>就</u>去。
Wǒ yì chīwán wǎnfàn jiù qù.
저녁 먹고 바로 갈게요.

교체 단어
回到家 집에 돌아가다 ｜ 写作业 숙제를 하다
huídào jiā　　　　　　xiě zuòyè
吃饭 밥을 먹다 ｜ 要吃药 약을 먹어야 한다
chī fàn　　　　　yào chī yào

❸ 麻烦 귀찮게 하다, 폐를 끼치다

<u>麻烦</u>您转告他一件事，行吗？
Máfan nín zhuǎngào tā yí jiàn shì, xíng ma?
죄송하지만 그에게 말씀 좀 전해 주시겠어요?

교체 단어
帮我检查一下这份文件 이 서류 좀 검토해 주세요　　把这封信交给她 이 편지를 그녀에게 전해 주세요
bāng wǒ jiǎnchá yíxià zhè fèn wénjiàn　　　　　　　bǎ zhè fēng xìn jiāogěi tā

❹ 清楚 분명하다, 명확하다

我没听<u>清楚</u>。
Wǒ méi tīng qīngchu.
나는 분명히 듣지 못했어요.

교체 단어
没看清楚 분명히 보지 못했다　　听不清楚 잘 들리지 않는다　　记不清楚 잘 기억나지 않는다
méi kàn qīngchu　　　　　　　tīng bu qīngchu　　　　　　　jì bu qīngchu

◎ 확인 TEST

1 다음 빈칸을 알맞게 채워 넣으세요.

(1)	转告		(말을) 전달하다
(2)	清楚	qīngchu	
(3)		zuòyè	숙제, 과제
(4)	急	jí	
(5)	错		틀리다, 맞지 않다
(6)		wéi	여보세요

2 주어진 단어를 어순에 맞게 배열하여 문장을 완성하세요.

(1) 往　小雨　我看见　那边　走了　南门
→ _____

(2) 准备　你　我　给你　书　好了　要的
→ _____

(3) 也　我　找了你　一天　找　到　没
→ _____

3 녹음을 듣고, 주어진 뜻에 해당하는 문장을 중국어로 써 보세요. 🎧 wbook 06

(1) _____ 당신은 그의 핸드폰 번호를 기억하나요?

(2) _____ 집에 도착하면 바로 너에게 전화할게.

(3) _____ 그는 숙제를 다 하고 나가서 놀았다.

간체자 쓰기

错 cuò
형 틀리다, 맞지 않다

丿 𠂉 乍 钅 钅 钅 钅 钅 错 错 错

错

对 duì
형 맞다, 옳다

フ 又 对 对

对

麻烦 máfan
동 귀찮게 하다, 번거롭게 하다
형 귀찮다, 성가시다

丶 亠 广 广 广 床 床 麻 麻 麻
丶 丷 廾 火 炉 灯 烦 烦 烦

麻 烦

转告 zhuǎngào
동 (말을) 전달하다

一 ㄣ 车 车 轩 转 转
丿 ㅗ 生 告 告 告 告

转 告

票 piào
명 표

一 亠 亓 西 西 覀 亜 亜 票 票

票

清楚 qīngchu
형 분명하다, 명확하다

丶 丶 氵 汁 汁 渀 渀 清 清 清
一 十 扌 木 林 林 林 梺 棼 棼 楚

急 jí
형 급하다, 긴급하다

丿 ⺈ 刍 刍 刍 刍 急 急 急

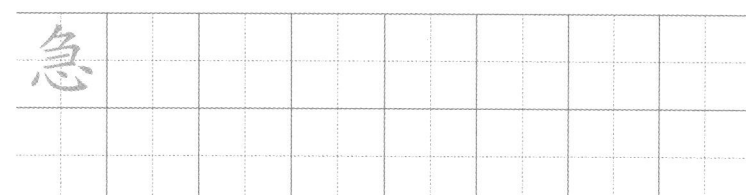

短信 duǎnxìn
명 짧은 편지, 문자 메시지

丿 ㇒ ⺀ 午 矢 矢 矢 矢 矢 短 短 短
丿 亻 亻 亻 信 信 信 信 信

修 xiū
동 수리하다

丿 亻 亻 亻 伋 伋 修 修 修

手表 shǒubiǎo
명 손목시계

一 二 三 手
一 二 キ 丰 声 丰 耒 表

03 전화 잘못 거셨어요. 15

04 그녀는 외출했어요.

◆ 핵심표현 & 교체연습 🎧 wbook 07

❶ 打扰 방해하다, 귀찮게 하다

那打扰你了。
Nà dǎrǎo nǐ le.
그럼 실례 좀 할게요.

교체 단어
| 别 ~하지 마라 | 我 나 | 你那么忙 바쁘신데 | 你 당신 |
| bié | wǒ | nǐ nàme máng | nǐ |

❷ 让 ~하게 하다

真抱歉，让你久等了。
Zhēn bàoqiàn, ràng nǐ jiǔ děng le.
당신을 오래 기다리게 해서 정말 미안해요.

교체 단어
失望 실망하다   操心 걱정하다
shīwàng   cāoxīn

❸ 真不好意思 정말 미안합니다

还麻烦你给我送来，真不好意思。
Hái máfan nǐ gěi wǒ sòng lái, zhēn bù hǎoyìsi.
게다가 번거롭게 가져다주기까지 하고, 정말 미안합니다.

교체 단어
我不小心撞到了你 실수로 당신에게 부딪혔어요   我给你添麻烦了 제가 폐를 끼쳤습니다
wǒ bù xiǎoxīn zhuàngdào le nǐ   wǒ gěi nǐ tiān máfan le

❹ 要是……就…… 만약 ~하면

要是丹尼尔来了，你就让他等我一下儿。
Yàoshi Dānní'ěr lái le, nǐ jiù ràng tā děng wǒ yíxiàr.
만약 다니엘이 오면 그에게 잠깐만 기다리라고 해요.

교체 단어
努力学习 열심히 공부하다 | 会取得好成绩 좋은 성적을 얻다
nǔlì xuéxí   huì qǔ de hǎo chéngjì

有困难 어려움이 있다 | 说出来，我们都可以帮助你 말해요. 우리가 도와 줄게요
yǒu kùnnan   shuō chūlai, wǒmen dōu kěyǐ bāngzhù nǐ

확인 TEST

1 주어진 뜻에 해당하는 단어를 중국어로 써 보세요.

(1) _____ (2) _____ (3) _____
　　사진기, 카메라　　　　　　곧, 즉시　　　　　　　예습하다

(4) _____ (5) _____ (6) _____
　　달리다, 뛰다　　　　　　　빌리다　　　　　　　　잡지

2 자연스러운 대화가 되도록 연결해 보세요.

(1) 对不起，打扰你一下儿。　·　　　　　·　**A** 不用了。

(2) 挺重的吧？要我帮忙吗？　·　　　　　·　**B** 她到书店去了。

(3) 她到哪儿去了？　　　　　·　　　　　·　**C** 别客气，你说吧。

3 녹음을 듣고, 주어진 뜻에 해당하는 문장을 중국어로 써 보세요. 🎧 wbook 08

(1) _____

　몸이 안 좋으면 기숙사에서 편히 쉬어요.

(2) _____

　릴리는 나에게 귤을 좀 사다 달라고 했다.

(3) _____

　나는 사이먼이 밖에서 걸어 들어오는 것을 보았다.

간체자 쓰기

屋 wū
명 방, 거실

┐ ⼍ ⼫ ⼫ ⼫ 居 居 屋 屋

屋

打扰 dǎrǎo
동 방해하다, 귀찮게 하다, 폐를 끼치다

一 亅 扌 扩 打
一 亅 扌 扌 护 抗 扰

打扰

抱歉 bàoqiàn
형 미안해하다, 미안하게 생각하다, 미안합니다

一 亅 扌 扌 扚 拘 抱 抱
丶 ⼧ 产 当 当 当 羊 莱 菜 歉 歉 歉

抱歉

让 ràng
동 ~하게 하다, ~하도록 시키다

丶 讠 计 让 让

让

帮 bāng
동 돕다, 거들다

一 ⼆ 三 丰 邦 邦 帮 帮

帮

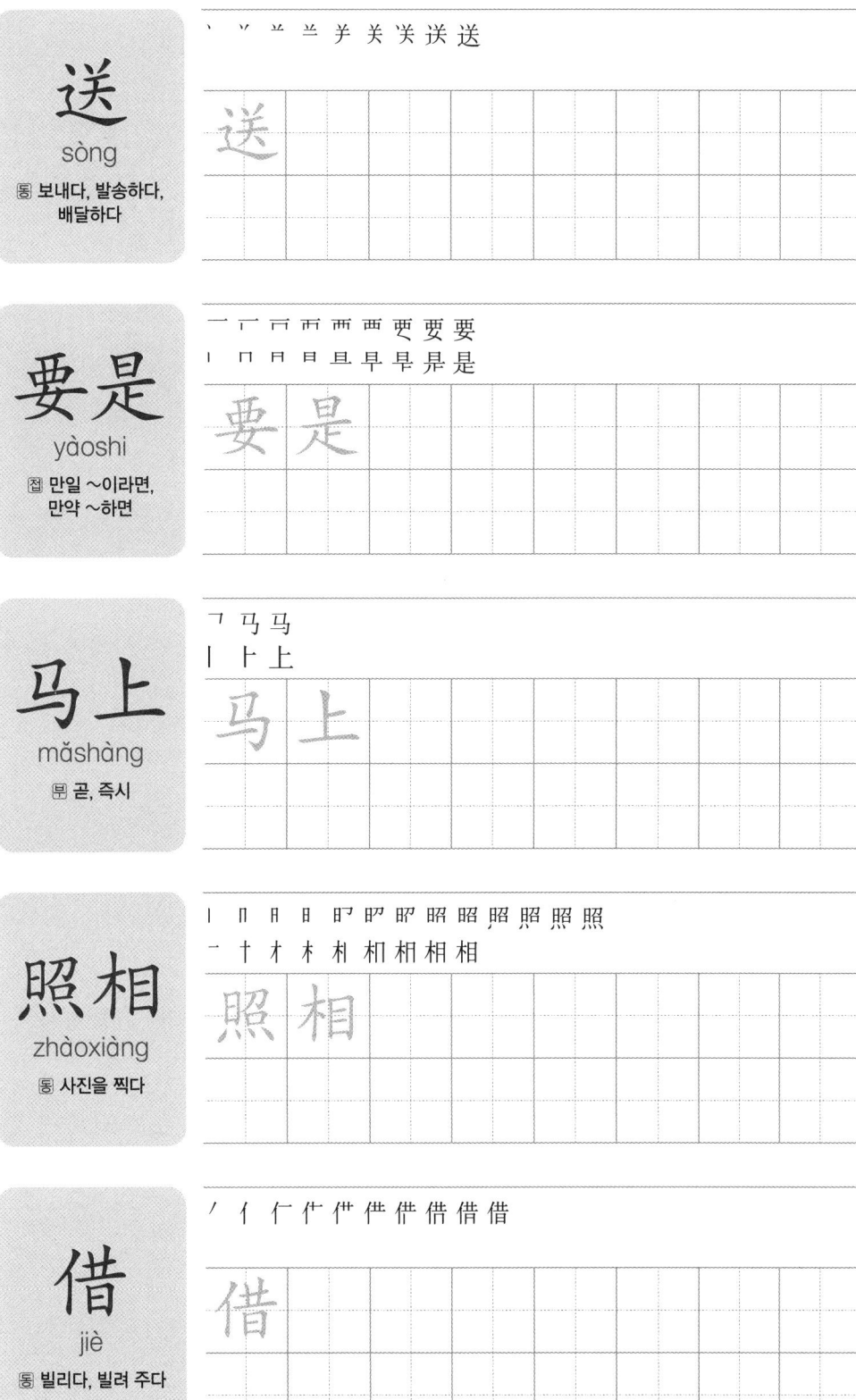

05 그는 아마 갈 수 없을 거예요.

핵심표현 & 교체연습 🎧 wbook 09

❶ 有空儿 시간이 있다

今晚你和保罗有空儿的话，我想请你们去看电影。
Jīn wǎn nǐ hé Bǎoluó yǒu kòngr dehuà, wǒ xiǎng qǐng nǐmen qù kàn diànyǐng.
오늘 저녁에 당신과 폴이 시간 되면, 내가 영화 보여 줄게요.

교체 단어
我们一起去打篮球吧 우리 같이 농구하러 가요
wǒmen yìqǐ qù dǎ lánqiú ba

到我家来玩儿吧 우리 집에 놀러 오세요
dào wǒ jiā lái wánr ba

❷ 看不见 보이지 않다

可是我前边这个人太高了，我看不见。
Kěshì wǒ qiánbian zhè ge rén tài gāo le, wǒ kànbujiàn.
근데 내 앞 사람이 너무 커서 안 보여요.

교체 단어
没戴眼镜 안경을 안 쓰다
méi dài yǎnjìng

黑板上的字太小 칠판 위의 글자가 너무 작다
hēibǎn shàng de zì tài xiǎo

❸ ……不了 ~할 수 없다

他恐怕去不了。
Tā kǒngpà qùbuliǎo.
그는 아마 못 갈 거예요.

교체 단어
做 하다   赢 이기다   受 견디다
zuò   yíng   shòu

❹ 怎么(能)……呢 어떻게 ~할 수 있겠는가

这么早，怎么起得来呢?
Zhème zǎo, zěnme qǐdelái ne?
그렇게 일찍 어떻게 일어나요?

교체 단어
你 너 | 这么说 이렇게 말하다
nǐ   zhème shuō

事情还没做完 일이 아직 끝나지 않다
shìqing hái méi zuòwán

回家 집으로 돌아가다
huí jiā

확인 TEST

1 주어진 뜻에 해당하는 단어를 중국어로 써 보세요.

(1) _____ 대화, 대화하다

(2) _____ 마음을 놓다, 안심하다

(3) _____ 약속, 데이트(date)

(4) _____ 상처를 입다

(5) _____ 자리, 좌석

(6) _____ 확실히, 틀림없이

2 자연스러운 대화가 되도록 연결해 보세요.

(1) 可是我前边这个人太高了，我看不见。 · · A 这么早，怎么起得来呢?

(2) 我们约好早上六点半出发。 · · B 咱俩换一下儿座位吧。

(3) 保罗去得了去不了? · · C 他恐怕去不了。

3 녹음을 듣고, 주어진 뜻에 해당하는 문장을 중국어로 써 보세요. 🎧 wbook 10

(1) _____
당신은 학생이면서 어떻게 숙제를 안 할 수가 있어요?

(2) _____
어제 그는 축구를 하다가 다쳐서 지금 걸을 수가 없어요.

(3) _____
영화 속 대화가 너무 빨라서 나는 아마 알아들을 수 없을 거예요.

간체자 쓰기

对话 duìhuà
명 대화 동 대화하다

フ ヌ 又 对 对
丶 讠 讠 讠 诈 话 话

大概 dàgài
형 대략의, 대강의

一 ナ 大
一 十 木 木 朾 朾 柑 柑 栉 栯 概 概

肯定 kěndìng
부 확실히, 틀림없이

丨 ト 止 止 肯 肯 肯 肯
丶 宀 宁 宇 宇 定 定

恐怕 kǒngpà
부 (나쁜 결과를 예상해서) 아마 ~일 것이다

一 丁 工 功 巩 巩 恐 恐 恐
丶 忄 忄 忄 怕 怕 怕

受伤 shòushāng
동 상처를 입다, 부상을 당하다

一 厂 厂 爫 严 严 受 受
丿 亻 亻 仁 伤 伤

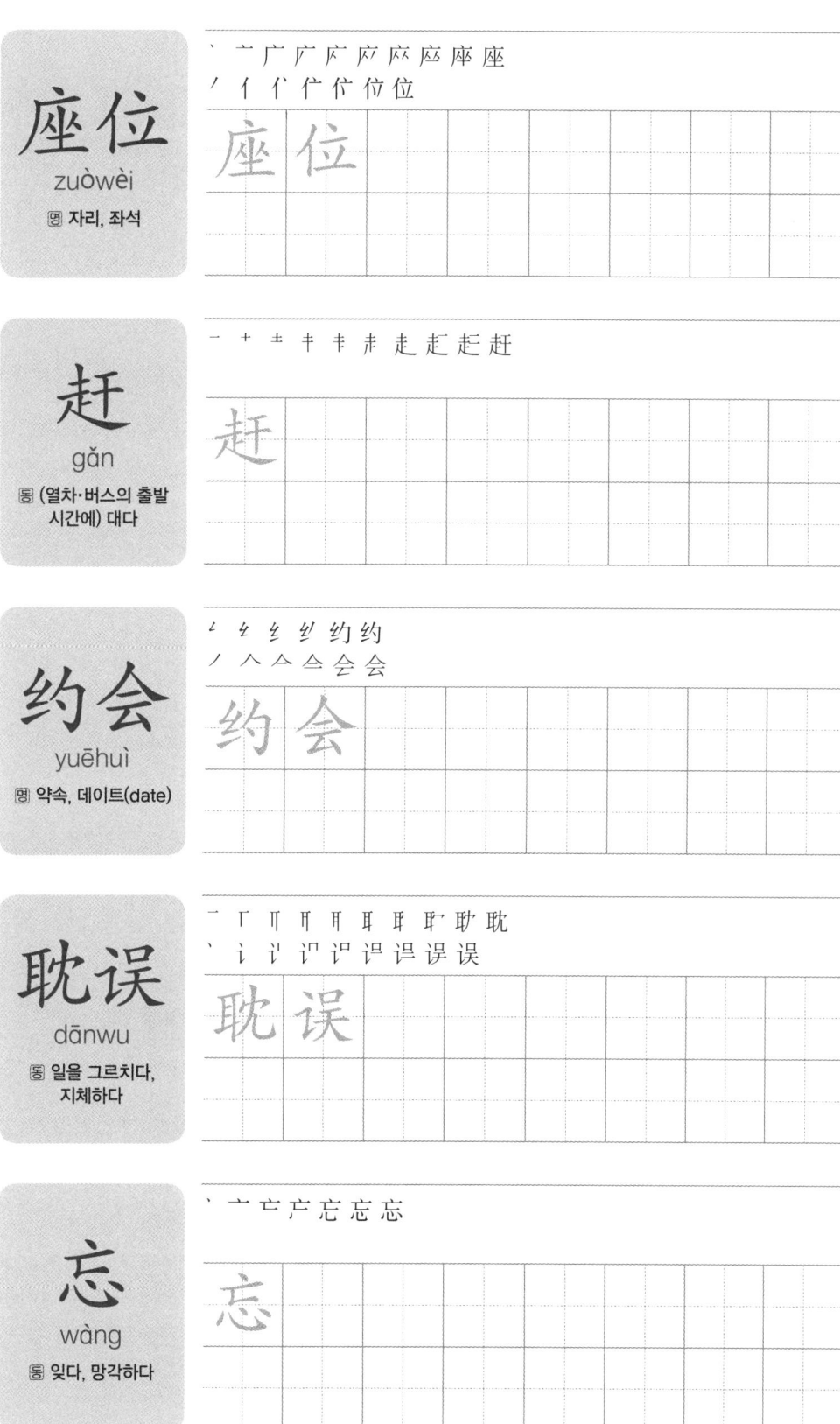

06 시안은 베이징보다 더 더워요.

◎ 핵심표현 & 교체연습 🎧 wbook 11

❶ 打算 ~하려고 하다, ~할 계획이다

学习结束后，我打算去旅行。
Xuéxí jiéshù hòu, wǒ dǎsuàn qù lǚxíng.
공부를 마치고 나서 나는 여행을 갈 계획이에요.

— 교체 단어 —
自己开公司 직접 회사를 차리다   去伦敦工作 런던에 가서 일하다
zìjǐ kāi gōngsī   qù Lúndūn gōngzuò

❷ 比 ~보다

西安的名胜古迹比大同多。
Xī'ān de míngshèng gǔjì bǐ Dàtóng duō.
시안의 명승고적이 다퉁보다 많아요.

— 교체 단어 —
今年冬天 올해 겨울 | 去年 작년 | 冷 춥다 | 她 그녀 | 以前 이전 | 瘦多了 살이 쏙 빠졌다
jīnnián dōngtiān   qùnián   lěng   tā   yǐqián   shòu duō le

❸ 跟……一样 ~와 같다

他的鞋跟你的(鞋)一样。
Tā de xié gēn nǐ de (xié) yíyàng.
그의 신발은 네 신발과 같다.

— 교체 단어 —
手机 핸드폰   答案 답안
shǒujī   dá'àn

❹ 对……感兴趣 ~에 관심 있다, ~에 흥미를 느끼다

我对在这儿工作很感兴趣。
Wǒ duì zài zhèr gōngzuò hěn gǎn xìngqù.
나는 여기에서 일하는 것에 매우 흥미를 느껴요.

— 교체 단어 —
这个领域 이 분야   韩国的历史，文化，明星等都 한국의 역사, 문화, 연예인 등
zhè ge lǐngyù   Hánguó de lìshǐ, wénhuà, míngxīng děng dōu

확인 TEST

1 주어진 뜻에 해당하는 단어를 중국어로 써 보세요.

(1) _____ 동의하다, 찬성하다

(2) _____ 편리하다

(3) _____ 끝나다, 마치다

(4) _____ 상의하다, 의논하다

(5) _____ 쉽다, 용이하다

(6) _____ 서로, 상호

2 주어진 단어가 들어갈 알맞은 위치를 찾으세요.

(1) 这个房间 **A** 比 **B** 那个房间 **C** 大。　　　不

→ _____

(2) 他汉语 **A** 说得 **B** 我 **C** 流利。　　　比

→ _____

(3) 我们的教室 **A** 旁边的教室 **B** 大 **C**。　　　没有

→ _____

3 녹음을 듣고, 일치하는 문장을 중국어로 쓰고, 해석해 보세요. 🎧 wbook 12

(1) _____

해석 _____

(2) _____

해석 _____

(3) _____

해석 _____

간체자 쓰기

名胜 míngshèng
명 명승지, 명소

ノ ク タ タ 名 名
丿 冂 月 月 肝 胪 胪 胖 胜

名 胜

建议 jiànyì
동 건의하다, 제안하다
명 건의, 제안

一 ㄱ ㅋ ㅋ ㅋ 글 聿 建 建
丶 讠 讠 议 议

建 议

凉快 liángkuai
형 시원하다, 선선하다

丶 冫 冫 广 汢 泸 泸 凉 凉 凉
丶 丶 忄 忄 忄 快 快

凉 快

预报 yùbào
동 예보하다

一 マ ㄱ 予 予 予 预 预 预 预
一 十 扌 扌 扩 护 报 报

预 报

最好 zuìhǎo
부 가장 바람직한 것은, 제일 좋기는

一 冂 冃 日 旦 昌 昌 昌 最 最 最
く 女 女 女 好 好

最 好

26

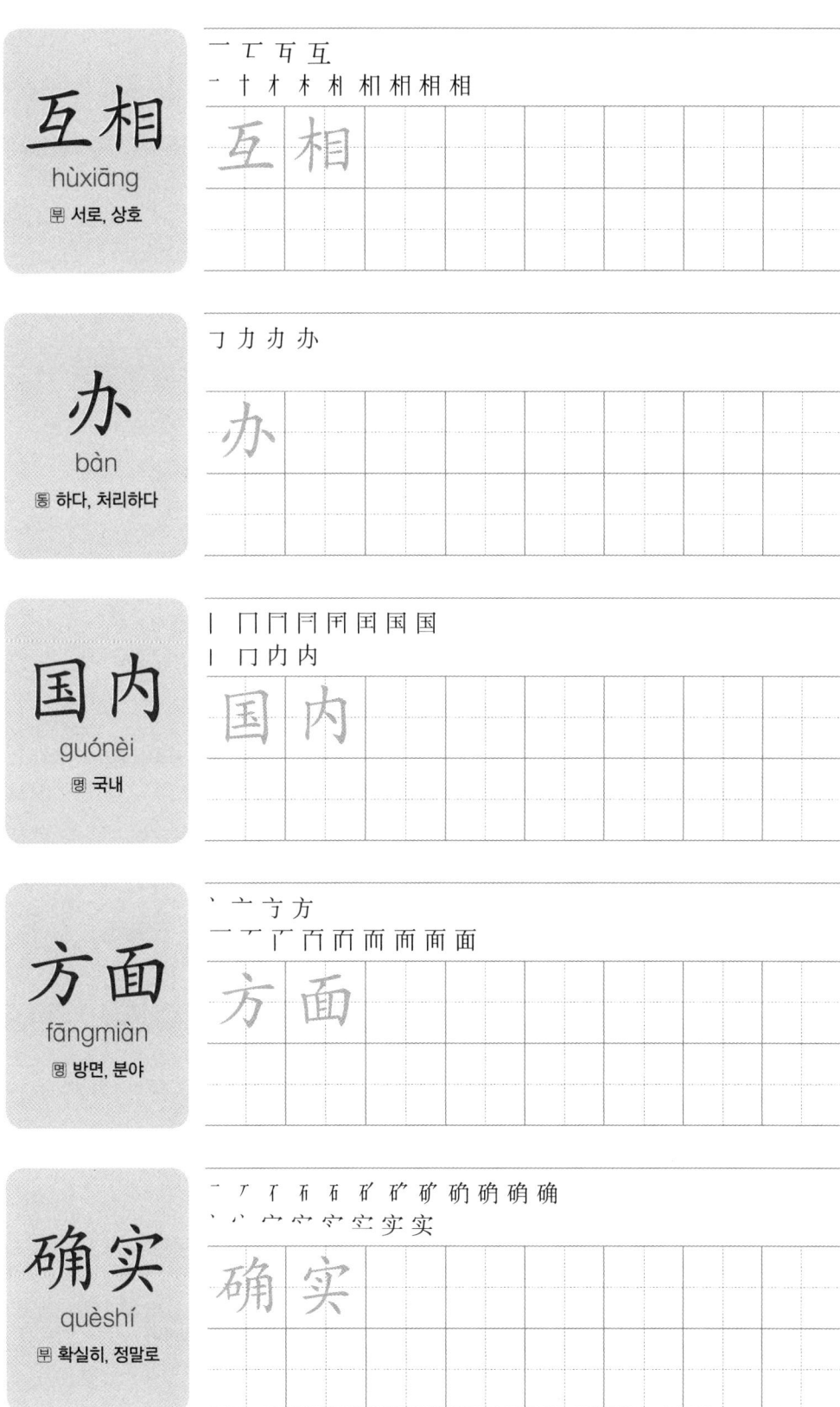

07 자전거를 어디에다 두었어요?

핵심표현 & 교체연습 🎧 wbook 13

❶ 能不能 ~해 줄 수 있어요?

你能不能把你的自行车借给我用用？
Nǐ néng bu néng bǎ nǐ de zìxíngchē jiègěi wǒ yòngyong?
당신의 자전거를 내가 좀 쓰게 빌려줄 수 있어요?

> **교체 단어**
> 把这本书借给我 이 책을 나에게 빌려주다
> bǎ zhè běn shū jiègěi wǒ
>
> 安静一点 좀 조용히 하다
> ānjìng yìdiǎn

❷ 把 ~을(를)

请你帮我把这篇文章翻译成英文，好吗？
Qǐng nǐ bāng wǒ bǎ zhè piān wénzhāng fānyì chéng Yīngwén, hǎo ma?
내 대신 이 글을 영문으로 번역해 줄 수 있어요?

> **교체 단어**
> 这箱子 이 상자 | 搬到楼上 위층으로 옮기다 | 那本书 그 책 | 拿下来 가지고 내려오다
> zhè xiāngzi | bāndào lóu shàng | nà běn shū | ná xiàlai

❸ 不是……吗 ~이 아닌가요?

你不是学英语的吗？
Nǐ bú shì xué Yīngyǔ de ma?
당신 영어 전공한 거 아니었어요?

> **교체 단어**
> 有男朋友 남자친구가 있다
> yǒu nánpéngyou
>
> 跟父母一起住 부모님과 함께 살다
> gēn fùmǔ yìqǐ zhù

❹ 哪儿啊 아니에요

哪儿啊，我是学法语的。
Nǎr a, wǒ shì xué Fǎyǔ de.
아니에요. 나는 프랑스어를 전공했어요.

> **교체 단어**
> 没有男朋友 남자친구가 없다
> méiyǒu nánpéngyou
>
> 一个人住 혼자 살다
> yí ge rén zhù

 확인 TEST

1 녹음을 듣고, 일치하는 단어를 중국어로 써 보세요. 🎧 wbook 14

(1) _____ (2) _____ (3) _____

(4) _____ (5) _____ (6) _____

2 주어진 단어가 들어갈 알맞은 위치를 찾으세요.

(1) **A** 赵老师不在的话，**B** 你就 **C** 表放在她的桌子上。　　把

→ _____

(2) **A** 我想 **B** 你 **C** 帮个忙。　　请

→ _____

(3) 请你帮我 **A** 把这篇文章 **B** 翻译 **C** 英文，好吗?　　成

→ _____

3 녹음을 듣고, 일치하는 문장을 중국어로 쓰고, 해석해 보세요. 🎧 wbook 15

(1) _____

해석 _____

(2) _____

해석 _____

(3) _____

해석 _____

간체자 쓰기

把 bǎ
개 [목적어를 동사 앞으로 옮길 때 씀]

一 寸 扌 扌' 扣 扣 把

把

着急 zháojí
형 조급해하다, 초조해하다

丶 丷 产 廾 芏 差 着 着 着
丿 ク 欠 刍 刍 急 急 急

着急

表 biǎo
명 표

一 二 キ 丰 圭 声 表 表

表

篇 piān
양 편 [문장·종이 등을 세는 단위]

丿 ト ゲ ゲ 竺 竺 笠 笋 笋 笋 筥 篇 篇

篇

文章 wénzhāng
명 글, 문장

丶 亠 ナ 文
丶 亠 ナ 产 产 产 音 音 音 章 章

文章

当成 dàngchéng
동 ~으로 여기다, ~으로 삼다, ~으로 간주하다

丨 丷 ㄎ 当 当 当
一 厂 厂 成 成 成

当成

推 tuī
동 밀다

一 十 扌 扌 扌 扩 扩 拌 拌 推 推

推

搬 bān
동 운반하다, 옮기다

一 十 扌 扌 扌 扒 扨 护 护 捅 撒 搬 搬

搬

晚会 wǎnhuì
명 이브닝 파티 (evening party), 만찬회

丨 冂 日 日 旷 旷 旷 晚 晚 晚
丿 人 ㅅ 仐 会 会

晚会

熊猫 xióngmāo
명 판다(panda)

⺈ ㅗ 宀 台 育 育 能 能 能 能 熊 熊
丿 犭 犭 犭 犷 犷 猎 猎 猫 猫

熊猫

07 자전거를 어디에다 두었어요?

08 어서 에어컨을 꺼요.

핵심표현 & 교체연습 🎧 wbook 16

❶ 怎么这么 왜 이렇게

怎么这么冷?
Zěnme zhème lěng?
왜 이렇게 추워요?

교체 단어
- 贵 비싸다 guì
- 不懂事 철이 없다 bù dǒngshì
- 漂亮 예쁘다 piàoliang

❷ 是不是…… ~인가요, 아닌가요?

你是不是感冒了?
Nǐ shì bu shì gǎnmào le?
감기 걸린 거 아니에요?

교체 단어
- 忘 잊다 wàng
- 胖 살찌다 pàng
- 醉 취하다 zuì

❸ 对……有好处 ~에 도움이 되다, ~에 득이 되다

抽烟对身体没有好处。
Chōu yān duì shēntǐ méiyǒu hǎochù.
흡연은 몸에 좋을 게 없어요.

교체 단어
- 少吃 소식을 하다 shǎo chī | 身体 몸, 건강 shēntǐ
- 这办法 이 방법 zhè bànfǎ | 双方都 양측 모두 shuāngfāng dōu

❹ 已经……了 이미 ~했다

我已经把它吃了。
Wǒ yǐjīng bǎ tā chī le.
나는 이미 그것을 먹었어요.

교체 단어
- 把电话挂 전화를 끊다 bǎ diànhuà guà
- 把它全花光 그것을 전부 써 버리다 bǎ tā quán huāguāng

확인 TEST

1 녹음을 듣고, 일치하는 단어를 중국어로 써 보세요. 🎧 wbook 17

(1) _____ (2) _____ (3) _____

(4) _____ (5) _____ (6) _____

2 녹음을 듣고, 빈칸을 채우세요. 🎧 wbook 18

A 哟，这么烫！赶快_____穿上，我_____你去医院。

B 我不愿意去，我_____打针。

A _____呢？快走吧。

3 녹음을 듣고, 일치하는 문장을 중국어로 쓰고, 해석해 보세요. 🎧 wbook 19

(1) _____

해석 _____

(2) _____

해석 _____

(3) _____

해석 _____

간체자 쓰기

关 guān
동 끄다, 닫다

丷丷艹兰关关

关

发烧 fāshāo
동 열이 나다

一ナ发发发
丶丶扌火火炉炉烧烧烧

发烧

赶快 gǎnkuài
면 빨리, 얼른, 어서

一十土丰丰走走走赶
丶丶忄忄忄快快

赶快

打针 dǎzhēn
동 주사를 놓다, 주사를 맞다

一十扌打
丿ㄨ ㄠ 乍 钅 钅 针

打针

头疼 tóu téng
머리가 아프다

丶丶头头头
丶广广广扩疒疒疼疼疼

头疼

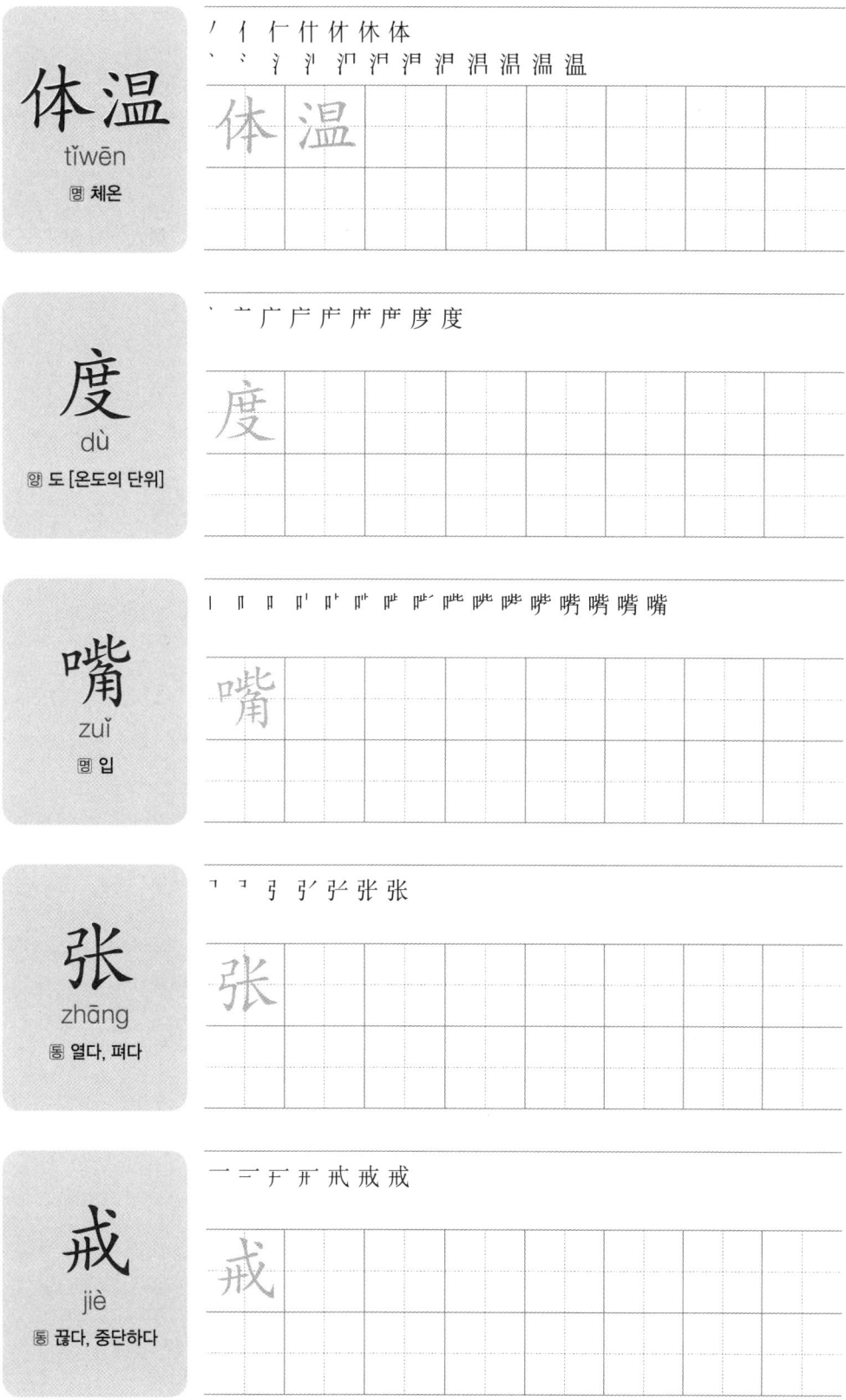

09 소매치기에게 지갑을 도둑맞았어요.

핵심표현 & 교체연습 wbook 20

❶ 别……了 ~하지 마라

别提了。
Bié tí le.
말도 말아요.

교체 단어
| 耽误 지체하다 | 迟到 지각하다 | 骗人 남을 속이다 |
| dānwu | chídào | piàn rén |

❷ 被 ~에게 (~당하다)

我被一辆三轮车撞倒了。
Wǒ bèi yí liàng sānlúnchē zhuàngdǎo le.
삼륜차에 부딪혀 넘어졌어요.

교체 단어
| 小叶 샤오예 | 老师 선생님 | 批评 꾸짖다 | 房间 방 | 我 나 | 打扫干净 깨끗이 청소하다 |
| Xiǎoyè | lǎoshī | pīpíng | fángjiān | wǒ | dǎsǎo gānjìng |

❸ ……的时候 ~할 때, ~일 때

上午逛商店的时候，钱包叫小偷偷走了。
Shàngwǔ guàng shāngdiàn de shíhou, qiánbāo jiào xiǎotōu tōuzǒu le.
오전에 쇼핑할 때, 소매치기에게 지갑을 도둑맞았어요.

교체 단어
| 早上坐地铁 아침에 지하철을 타다 | 上个月去旅行 지난달에 여행을 가다 |
| zǎoshang zuò dìtiě | shàng ge yuè qù lǚxíng |

❹ 连……也(都)…… ~조차도 ~하다, 심지어 ~하다

连电脑也让我给摔坏了。
Lián diànnǎo yě ràng wǒ gěi shuāihuài le.
컴퓨터까지 내가 떨어뜨려 고장 났어요.

교체 단어
| 吃饭的时间 밥 먹을 시간 | 没有 없다 | 孩子 어린아이 | (都)能理解 이해할 수 있다 |
| chī fàn de shíjiān | méiyǒu | háizi | (dōu) néng lǐjiě |

확인 TEST

1 녹음을 듣고, 일치하는 단어를 중국어로 써 보세요. 🎧 wbook 21

(1) _____ (2) _____ (3) _____

(4) _____ (5) _____ (6) _____

2 녹음을 듣고, 빈칸을 채우세요. 🎧 wbook 22

> A 我今天真是_____！上午_____的时候，
> 钱包_____小偷偷走了。
>
> B _____了多少钱？
>
> A 两百多块。_____！

3 녹음을 듣고, 일치하는 문장을 중국어로 쓰고, 해석해 보세요. 🎧 wbook 23

(1) _____

해석 _____

(2) _____

해석 _____

(3) _____

해석 _____

간체자 쓰기

被 bèi
개 ~에게 (~당하다)

丶 ㇀ ㇓ ㇒ 衤 初 衲 衲 被 被

撞 zhuàng
동 부딪치다, 충돌하다

一 十 扌 扩 扩 扩 挡 挡 挡 挡 撞 撞 撞

倒 dǎo
동 넘어지다

丿 亻 亻 亻 亻 亻 侄 侄 倒 倒

倒霉 dǎoméi
형 재수 없다, 운이 나쁘다

丿 亻 亻 亻 亻 亻 侄 侄 倒 倒
一 厂 戶 币 币 承 承 雪 雪 雪 霉 霉 霉

像话 xiànghuà
형 (말이나 행동이) 이치에 맞다, 말이 되다

丿 亻 亻 亻 亻 伫 伫 俜 像 像 像
丶 讠 讠 汗 迁 迁 话 话

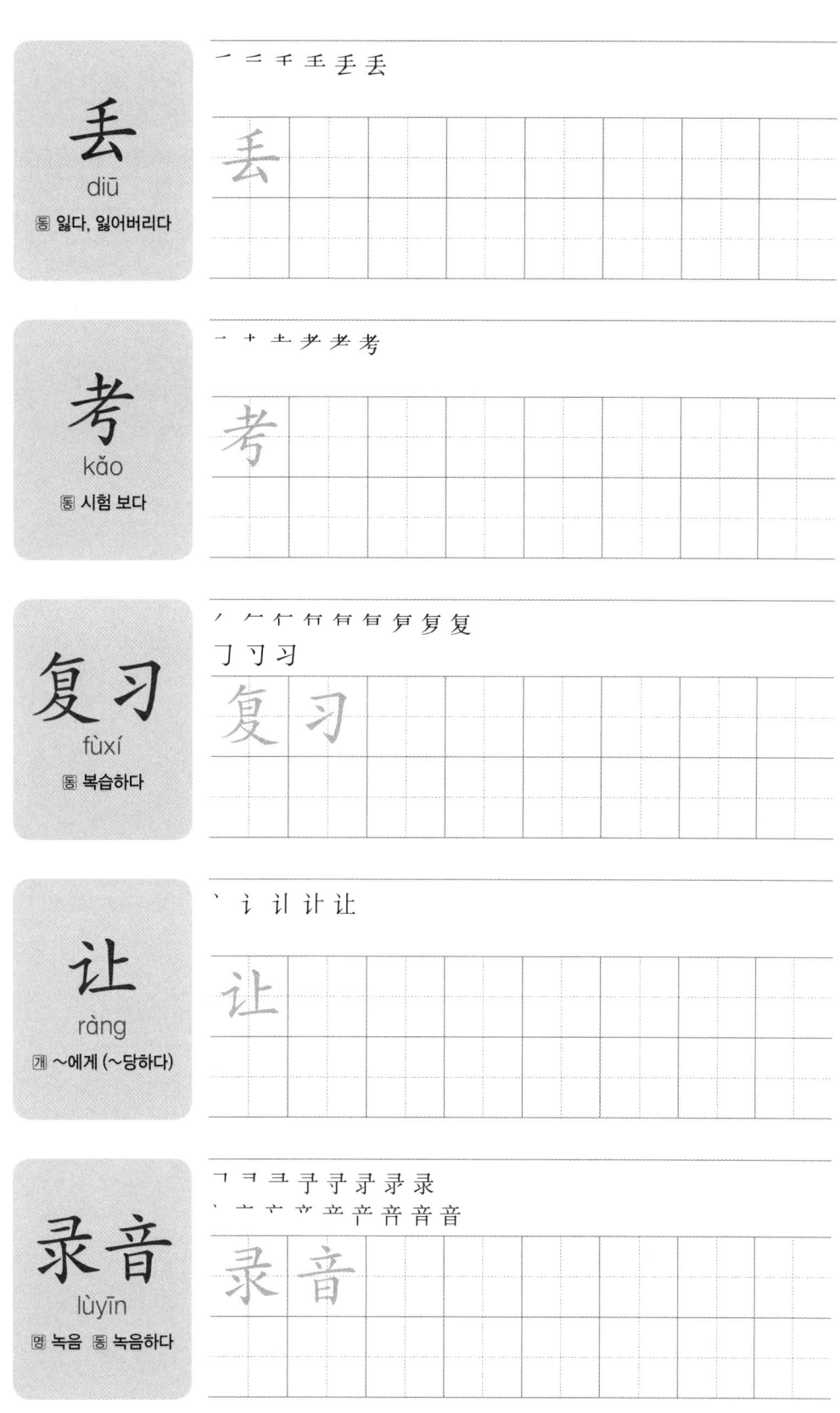

10 가시는 길이 평안하길 빕니다.

핵심표현 & 교체연습 🎧 wbook 24

❶ 就要……了 곧 ~할 것이다

下星期我就要回国了。
Xià xīngqī wǒ jiù yào huí guó le.
다음 주에 저는 귀국해요.

> **교체 단어**
> 考试 시험을 치다   结婚 결혼하다
> kǎoshì   jiéhūn

❷ 恐怕 아마 ~일 것이다 [부정적인 결과를 예상]

恐怕送不了你了。
Kǒngpà sòngbuliǎo nǐ le.
아마 당신을 배웅하지 못할 것 같아요.

> **교체 단어**
> 她不会同意 그녀가 동의하지 않다   时间不太够了 시간이 충분하지 않다
> tā bú huì tóngyì   shíjiān bú tài gòu le

❸ 祝 기원하다, 바라다

祝你一路平安!
Zhù nǐ yílù píng'ān!
가시는 길이 평안하길 빕니다!

> **교체 단어**
> 一切顺利 모든 일이 순조롭다   身体健康 몸이 건강하다   好运 행운
> yíqiè shùnlì   shēntǐ jiànkāng   hǎoyùn

❹ 不知道……才好 ~해야 좋을지 모르겠다

我真不知道怎么感谢你们才好。
Wǒ zhēn bù zhīdào zěnme gǎnxiè nǐmen cái hǎo.
여러분에게 어떻게 감사해야 좋을지 정말 모르겠어요.

> **교체 단어**
> 该怎么办 어떻게 해야 하나   买什么 무엇을 사다
> gāi zěnme bàn   mǎi shénme

확인 TEST

1 녹음을 듣고, 일치하는 단어를 중국어로 써 보세요. 🎧 wbook 25

(1) _____   (2) _____   (3) _____

(4) _____   (5) _____   (6) _____

2 녹음을 듣고, 빈칸을 채우세요. 🎧 wbook 26

> A 你们给了我_____，我真不知道怎么感谢你们才好。
>
> B 你_____了？我们真_____你走。
>
> A 我也是。我们一定会再见面的。
>
> B 来，大家举杯，为_____干杯。

3 녹음을 듣고, 일치하는 문장을 중국어로 쓰고, 해석해 보세요. 🎧 wbook 27

(1) _____

해석 _____

(2) _____

해석 _____

(3) _____

해석 _____

간체자 쓰기

向 xiàng
개 ~에게, ~을 향하여

丿 亻 冂 冋 向 向

告别 gàobié
동 작별 인사를 하다, 이별을 고하다

丿 ㅗ 牛 吿 告 告
丨 冂 口 另 别 别

收拾 shōushi
동 정리하다, 정돈하다, 꾸리다

丨 丩 屮 收 收
一 十 扌 扩 扩 护 拎 拾 拾

上班 shàngbān
동 출근하다

丨 ト 上
一 ニ 干 王 玉 𤣩 𤣩 玨 班 班

祝 zhù
동 빌다, 축원하다

丶 亠 礻 礻 礻 祀 祀 祝 祝

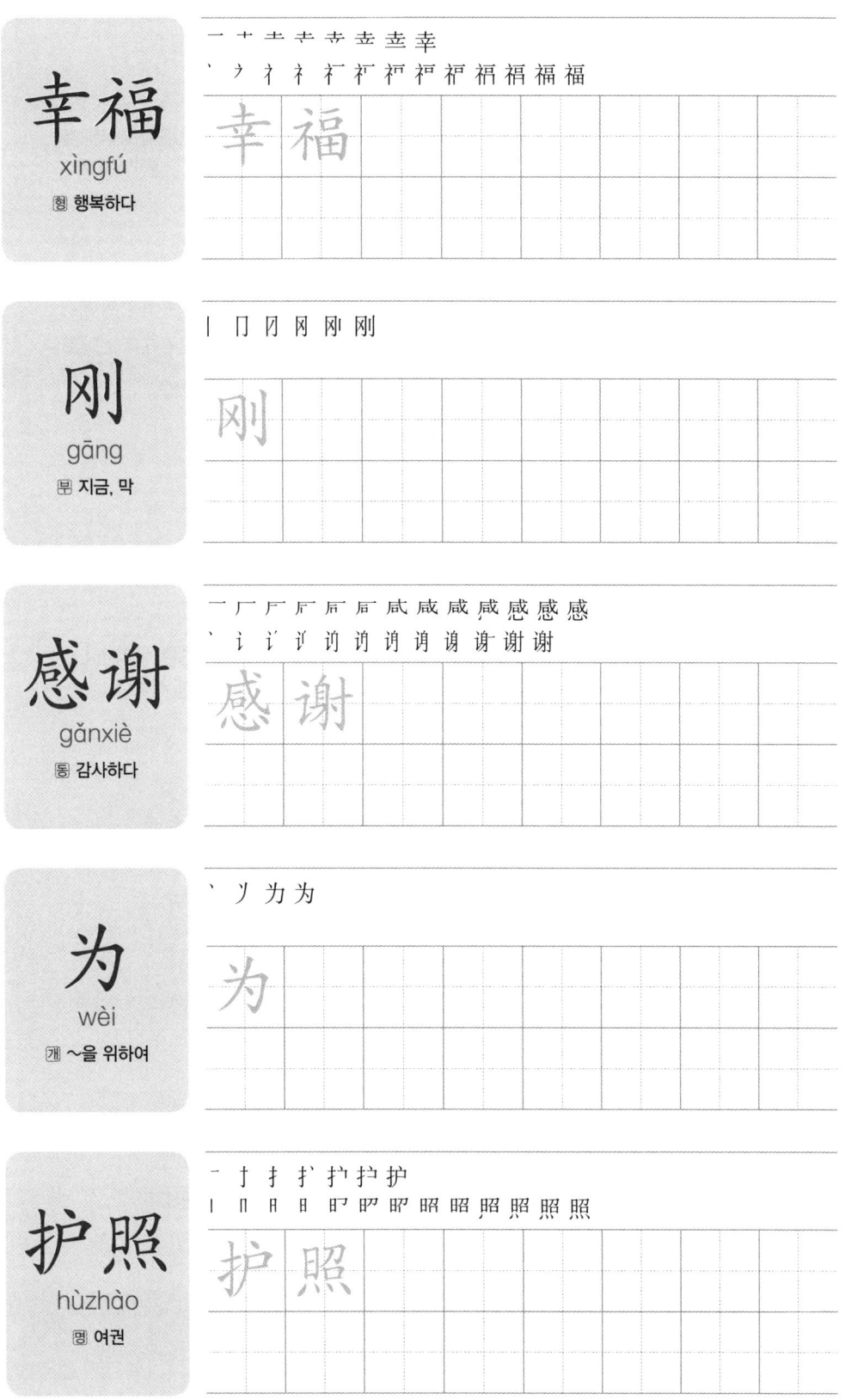

모범답안

01 샹산에 가 본 적 있어요?

◆ 확인 TEST

1

(1) 简单　　　(2) bìyè
(3) 유명하다　(4) cónglái
(5) 거짓의, 가짜의　(6) 差不多

2

(1) 除了汉语以外，我也会说法语。
중국어 외에도 나는 프랑스어를 할 줄 안다.
除了法语以外，我也会说汉语。
프랑스어 외에도 나는 중국어를 할 줄 안다.

(2) 请介绍一下儿你的情况，好吗?
당신의 상황에 대해 소개 좀 해 주시겠어요?

(3) 我去过三次香山。
나는 샹산에 세 번 가 봤다.

3

(1) 你是坐出租车去的吧?
(2) 我不是坐公共汽车来的，我是走路来的。
(3) 来北京以后，你吃过烤鸭没有?

02 문이 열려 있어요.

◆ 확인 TEST

1

(1) 의자　　　(2) 窗户
(3) 화내다, 성내다　(4) 书架
(5) zhěngqí　(6) bǎi

2

(1) 妈妈在客厅里跟邻居喝着咖啡聊天儿。
어머니는 거실에서 이웃분과 함께 커피를 마시며 이야기를 나누고 계신다.

(2) 你应该好好儿休息一会儿。
당신은 좀 푹 쉬어야 해요.

(3) 他们正在紧张地看着电视里的足球赛。
그들은 긴장한 채 텔레비전 속 축구 경기를 보고 있다.

3

(1) 小雨在自己的房间里听着音乐看书。
(2) 保罗在椅子上坐着，英男在床上躺着。
(3) 小猫在窗台上趴着睡觉呢。

03 전화 잘못 거셨어요.

◆ 확인 TEST

1

(1) zhuǎngào　(2) 분명하다, 명확하다
(3) 作业　　　(4) 급하다, 긴급하다
(5) cuò　　　(6) 喂

2

(1) 我看见小雨往南门那边走了。
나는 샤오위가 남문 쪽으로 가는 것을 봤다.

(2) 你要的书我给你准备好了。
당신이 필요하다고 했던 책 내가 준비해 놓았어요.

(3) 我找了你一天也没找到。
내가 당신을 하루 종일 찾았는데도 못 찾았어요.

3

(1) 你记住他的手机号了吗?
(2) 我回到家就给你打电话。
(3) 他做完了作业就出去玩儿了。

04 그녀는 외출했어요.

◆ 확인 TEST

1
(1) 照相机　　(2) 马上　　(3) 预习
(4) 跑　　　　(5) 借　　　(6) 杂志

2
(1) C　　(2) A　　(3) B

3
(1) 要是你身体不舒服，就在宿舍好好儿休息吧。
(2) 莉莉叫我给她买些橘子。
(3) 我看见西蒙从外边走进来了。

05 그는 아마 갈 수 없을 거예요.

◆ 확인 TEST

1
(1) 对话　　(2) 放心　　(3) 约会
(4) 受伤　　(5) 座位　　(6) 肯定

2
(1) B　　(2) A　　(3) C

3
(1) 你是学生，怎么能不做作业呢？
(2) 昨天他踢球的时候受伤了，现在走不了路了。
(3) 电影里的对话太快了，我可能听不懂。

06 시안은 베이징보다 더 더워요.

◆ 확인 TEST

1
(1) 同意　　(2) 方便　　(3) 结束
(4) 商量　　(5) 容易　　(6) 互相

2
(1) 这个房间 **A** 不比那个房间大。
　　이 방은 저 방보다 크지 않다.
(2) 他汉语说得 **B** 比我流利。
　　그는 중국어를 나보다 유창하게 한다.
(3) 我们的教室 **A** 没有旁边的教室大。
　　우리 교실은 옆 교실만큼 크지 않다.

3
(1) 他跟我一样高，但是比我壮多了。
　　그는 키가 저와 같은데, 저보다 훨씬 건장해요.
(2) 西安的名胜古迹比大同多，我建议你去西安看看。
　　시안의 명승고적이 다퉁보다 많아요. 나는 시안에 가 보라고 추천할게요.
(3) 他二十五岁，我二十岁。他比我大五岁。
　　그는 스물다섯 살이고, 나는 스무 살이에요. 그는 나보다 다섯 살 많아요.

07 자전거를 어디에다 두었어요?

◆ 확인 TEST

1
(1) 文章 글, 문장　　(2) 翻译 번역하다, 통역하다
(3) 着急 조급해하다, 초조해하다
(4) 动物园 동물원　　(5) 人民币 인민폐
(6) 熊猫 판다(panda)

2

(1) 赵老师不在的话，你就 C 把表放在她的桌子上。
짜오 선생님이 안 계시면, 서류를 그녀의 책상 위에 두면 됩니다.

(2) 我想 B 请你帮个忙。
당신에게 부탁 하나 하고 싶어요.

(3) 请你帮我把这篇文章翻译 C 成英文，好吗?
내 대신 이 글을 영문으로 번역해 줄 수 있어요?

3

(1) 孩子要看熊猫，妈妈把孩子带到动物园了。
아이가 판다를 보고 싶어 해서 엄마는 아이를 동물원에 데려갔다.

(2) 保罗的腿受伤了，朋友把他送到医院了。
폴이 다리를 다쳐서 친구가 그를 병원으로 데리고 갔다.

(3) 她把邮票贴在信封上了。
그녀는 우표를 편지봉투에 붙였다.

08 어서 에어컨을 꺼요.

✿ 확인 TEST

1

(1) 好处 장점, 이점 (2) 头疼 머리가 아프다
(3) 感冒 감기에 걸리다, 감기
(4) 发烧 열이 나다 (5) 打针 주사를 놓다
(6) 平时 평소, 평상시

2

A 哟，这么烫! 赶快把衣服穿上，我陪你去医院。
B 我不愿意去，我最怕打针。
A 那怎么行呢? 快走吧。

3

(1) 昨天开始头疼、嗓子疼，还有点儿咳嗽。
어제부터 머리가 아프고, 목도 아프고, 기침도 좀 나요.

(2) 那就把电视关上，早点儿睡觉吧。
그럼 텔레비전을 끄고 일찍 자요.

(3) 刮大风了，他把窗户关上了。
바람이 심하게 불어 그는 창문을 닫았다.

09 소매치기에게 지갑을 도둑맞았어요.

✿ 확인 TEST

1

(1) 警察 경찰 (2) 胳膊 팔
(3) 腿 다리 (4) 批评 비평하다, 질책하다
(5) 三轮车 삼륜차 (6) 主意 생각, 의견, 견해

2

A 我今天真是倒霉透了! 上午逛商店的时候，钱包叫小偷偷走了。
B 丢了多少钱?
A 两百多块。真气人!

3

(1) 他起晚了，连早饭也没吃就去上课了。
그는 늦게 일어나서 아침밥도 못 먹고 바로 수업하러 갔다.

(2) 他的帽子被风刮走了。
그의 모자가 바람에 날아갔다.

(3) 妈妈的眼镜被孩子摔坏了。
엄마의 안경을 아이가 깨뜨렸다.

10 가시는 길이 평안하길 빕니다.

✿ 확인 TEST

1

(1) 平安 평안하다, 편안하다 (2) 行李 짐, 여행짐
(3) 护照 여권 (4) 顺利 순조롭다
(5) 保重 건강에 주의하다, 몸조심하다
(6) 幸福 행복하다

2

A 你们给了我很多帮助,我真不知道怎么感谢你们才好。
B 你说到哪儿去了?我们真舍不得你走。
A 我也是。我们一定会再见面的。
B 来,大家举杯,为我们的友谊干杯。

3

(1) 运动鞋洗干净了。
운동화를 깨끗하게 빨았다.

(2) 下星期我就要回国了,我来向您告别。
저 다음 주에 귀국해서 당신에게 작별 인사를 드리러 왔어요.

(3) 刚来中国的时候,你连一句汉语也不会说,现在说得真不错。
중국에 막 왔을 때, 너 중국어 한마디도 못 하더니 지금은 정말 잘 하는구나.

최신개정
신공략 중국어 ❸
―――――――――――――― 워크북

펴낸이 정규도
펴낸곳 (주)다락원

기획·편집 이원정, 오혜령, 이상윤
디자인 박나래
조판 최영란
녹음 曹红梅, 朴龙君, 于海峰, 祁明明, 허강원

다락원 경기도 파주시 문발로 211
전화 (02)736-2031(내선 250~252/내선 430, 435)
팩스 (02)732-2037
출판등록 1977년 9월 16일 제406-2008-000007호

Copyright ⓒ 2015, 北京大学出版社
원제: 《汉语口语速成》_入门篇·下册(第三版)
The Chinese edition is originally published by Peking University Press. This translation is published by arrangement with Peking University Press, Beijing, China. All rights reserved. No reproduction and distribution without permission.

한국 내 Copyright ⓒ 2019, (주)다락원
이 책의 한국 내 저작권은 北京大学出版社와의 독점 계약으로 ㈜다락원이 소유합니다.

저자 및 출판사의 허락 없이 이 책의 일부 또는 전부를 무단 복제·전재·발췌할 수 없습니다. 구입 후 철회는 회사 내규에 부합하는 경우에 가능하므로 구입처에 문의하시기 바랍니다. 분실·파손 등에 따른 소비자 피해에 대해서는 공정거래위원회에서 고시한 소비자 분쟁 해결 기준에 따라 보상 가능합니다. 잘못된 책은 바꿔 드립니다.

ISBN 978-89-277-2249-6 18720
       978-89-277-2241-0 (set)

www.darakwon.co.kr
다락원 홈페이지를 방문하시면 상세한 출판 정보와 함께 동영상 강좌,
MP3 자료 등 다양한 어학 정보를 얻으실 수 있습니다.